Inhalt ...

Vorwort — 2
Von der Wichtigkeit der Gruppendynamik — 3
Warum Paar- und Gruppenfindungsübungen? — 6
Multiple Intelligenzen nach Howard Gardner — 8

Inszenarien mit Einsatz von Materialien — 13
    visuell — 14
    auditiv — 23
    kinästhetisch — 28

Inszenarien ohne Einsatz von Materialien — 39

Transfer in Ihre Themen — 49
Einwände, Kritik und Ängste — 51
Materialquellen — 54
Bibliographie — 54
Danke — 55
Der Autor: Marcus Koch — 56

Vorwort

Vor vielen vielen Jahren schenkte mir ein Freund ein Buch mit dem Titel „There is a book inside you". Ich muss gestehen, ich habe in all den Jahren nicht einmal in dieses Buch geschaut, aber all die diversen Umzüge, die ich in den letzten 20 Jahren hinter mich gebracht habe, hat dieses Buch miterlebt. Auch jetzt steht es wieder in meinem Regal. Irgendetwas hatte dieses Buch offenbar mit mir vor.

Schon immer war es mir in meinen Seminaren wichtig, Menschen miteinander ins Gespräch zu bringen. Da Seminarteilnehmer oft die Tendenz haben, den erstmalig als ihren Platz festgelegten Stuhl nicht mehr zu verlassen, gehören schon immer kreative Paar- und Gruppenfindungsübungen zur Handschrift meiner Seminare. Vor einiger Zeit, wieder einmal hatte ich ungewöhnliches und überraschendes Material zur Paarfindung bei einer Fortbildung eingesetzt, fragte eine Teilnehmerin, ob ich ein Buch mit solchen Übungen empfehlen könnte.

Ich stellte erstaunt fest, dass ich keinen Literaturtipp parat hatte, und mir wurde klar, dass ein solches Buch auf dem Markt fehlen könnte. Großmundig verkündete ich, dass ich ein solches Buch schreiben würde.

Und plötzlich war mein „Umzugsbuch" wieder da ... nun aber als Frage: Is there a book inside you?

Ich habe mich für ein „Ja" entschieden ... und danke der Teilnehmerin in Hannover für ihren Impuls.

Das Resultat halten Sie nun in Ihren Händen. Ich danke Ihnen, dass Sie sich für dieses Buch entschieden haben und hoffe, dass Sie ebenso viel Freude mit den Übungen in Ihren Seminaren erleben werden, wie es mir mit vielen Hunderten von TeilnehmerInnen gegangen ist.

Viel Erfolg und hie und da auch ein wenig Mut beim Ausprobieren.

Doch bevor Sie loslegen, noch ein kleiner Hinweis: Mittlerweile ist es ja üblich geworden, sich als Autor bei der Menschengruppe zu entschuldigen, die in der jeweils gewählten Anredeform (Teilnehmer, Teilnehmerin oder Referent, Referentin) nicht berücksichtigt wurde.

Ich erlaube mir keckerweise, die männliche Form (Teilnehmer, Referent) zu wählen, möchte es aber nicht unerwähnt lassen, dass ich alle Teilnehmerinnen und auch Kolleginnen gleichermaßen berücksichtige und ansprechen möchte.

Um das Lesen jedoch ein wenig einfacher zu halten, habe ich mich für die umgangssprachlich übliche Form entschieden.

Und nun viel Vergnügen bei Ihrer Lektüre.

Ihr Marcus Koch

Von der Wichtigkeit gruppendynamischer Prozesse in Lerngruppen

In der Literatur gibt es unzählige Modelle, die erklären, was mit Menschen passiert, die sich aus einem Seminaranlass zu einer Gruppe zusammenfinden.

Viele von diesen Modellen sind spannend, manchmal ein wenig theoretisch, manchmal sogar nur schwer zu verstehen.

Ich erlaube mir, Ihnen aufgrund meiner Erfahrung ein kleines Modell vorzustellen, das mir gut geholfen hat, aus Individuen am Anfang eines Seminars eine Gruppe zu bilden.

Sicherlich kennen Sie die Situation, dass am Ende eines Kurses oder Seminars ein Teilnehmer sagt, dass ihm der Kurs Spaß gemacht hätte, da die Gruppe so nett gewesen sei. Ich empfinde dies stets als schönes Kompliment.

Denn oft erschließt es sich dem Teilnehmer nicht, dass wir als Trainer hier eine ganze Menge getan haben, um diesem Teilnehmer beim Entdecken dieser Erkenntnis zu helfen.

Wenn der Teilnehmer über diese „nette Gruppe" so gefällig spricht, dann drückt er damit aus, dass es ihm gelungen ist, zu recht vielen anderen Teilnehmern in diesem Seminar gute Beziehungen herzustellen. Wenn dann sogar viele Teilnehmer den Eindruck einer netten Gruppe haben, können wir uns ein imaginäres Spinnennetz an guten Beziehungen zwischen vielen Teilnehmern dieser Gruppe vorstellen.

Sollten wir diesem Phänomen ein cleveres Wort geben wollen, so könnten wir das **Gruppenkohäsion** nennen, gleich den Kohäsionskräften in der Chemie, also den Zusammenhangskräften zwischen den Atomen bzw. Molekülen eines Stoffes.

Könnte es denn nun sein, dass eine solche Gruppenkohäsion quasi auch Lernziel neben der Vermittlung des eigentlichen Themas ist?

Ich persönlich denke „ja".

In einer Gruppe mit hoher Gruppenkohäsion kommt der einzelne Teilnehmer erfahrungsgemäß gerne zum Seminar (vor allem bei extensiven Schulungsmaßnahmen). Er fühlt sich in der Gruppe wohl und hat neben dem Wunsch, sich mit dem Thema auseinanderzusetzen, auch Spaß am Treffen und Kennenlernen anderer Menschen. Denn der Erfolg des einzelnen Gruppenmitgliedes ist auch abhängig von der Leistungsfähigkeit der Gruppe, d.h. je besser die Gruppe arbeitet desto besser wird der einzelne lernen.

Ein solcher individueller Teilnehmer wird vermutlich, gerade bei langen Schulungsmaßnahmen, auch das Ende der Maßnahme erreichen und vielleicht sogar einen Folgekurs buchen – eine tolle Win-Win-Situation für die Organisation, für die Sie arbeiten, wie auch für Sie, da Folgekurse oft an den Trainer des vorangegangenen Kurses vergeben werden – so meine Erfahrung.

Sollte ich Sie nun hiermit überzeugt haben, dass Gruppenkohäsion ein lohnendes Lernziel ist, stellt sich die Frage, wie ich diese Kohäsion in meiner Lerngruppe erreichen kann.

Für mich steht die Kohäsion auf zwei Säulen: der **Kommunikation** und der, Achtung, es klingt jetzt ein wenig religiös, **Kommunion**.

Was verstehe ich unter Kommunikation? Im Grunde alles, was die Gruppe ins Reden bringt, also Austausch zum Thema, Diskussionen, Blitzlicht und Feedback.

Zum einen muss ein Austausch auf der Was-Ebene, dem Inhalt, erfolgen. Die Teilnehmer erarbeiten unterschiedliche Aspekte eines Themas und tauschen sich schließlich thematisch aus. Aber auch ein Austausch auf der Wie-Ebene ist sinnvoll mit Fragen wie beispielsweise:

- Wie ist es mir bei der Übung ergangen?
- Wie habe ich den Prozess erlebt?
- Welche Fragen habe ich noch?
- Wie haben wir als Gruppe zusammen gearbeitet?

Sie fragen sich gerade, was ein Blitzlicht ist? Nun, im Grunde so etwas wie ein Feedback, nur zu einem früheren Zeitpunkt während der Schulungsmaßnahme. Es ist eine sehr kurze und ökonomische Möglichkeit für Sie als Trainer, den Zustand der Gruppe (oder auch einzelner Teilnehmer) zu beleuchten.

Wenn Ihre Lerngruppe im Abschlussfeedback Kritik, ob berechtigt oder nicht, an Ihren Methoden oder Inhalten übt, haben Sie keine Chance mehr, etwas für diese Lerngruppe zu ändern oder Ihren Ansatz zumindest zu erläutern.

Holen Sie diese Information allerdings zu einem früheren Zeitpunkt ein, haben Sie jetzt die reelle Chance, diese Gruppe (und unsere Teilnehmer sind im Grunde auch Kunden) zufrieden zu stellen, indem Sie sich die Kritikpunkte zu Herzen nehmen und entsprechend ändern.

Ein solches Blitzlicht könnte eine kurze Bestandsaufnahme sein zu der Aufgabe: Welche drei Adjektive beschreiben Ihren momentanen Gemüts- und Energiezustand? Wenn ich nun oft so etwas höre wie „es war toll, aber ich bin sehr müde", könnte das ein Indiz dafür sein, meine Rhythmisierung ändern zu müssen und mehr neuen Stoff in den Vormittag zu packen. Sollte ich hören „es war gut, ich hätte aber gerne noch mehr Infos zu ...", dann kann ich am nächsten Tag reagieren und meinen Input ein wenig steigern.

Soweit zur Kommunikation.

Was aber ist nun die Kommunion? Ich lehne mich hier an das Wort „Kommune" (allgemein, gemeinschaftlich) oder das englische „community" (Gemeinschaft) an. Hier geht es um das WIR - Wir als Gruppe, denn gemeinsames Erleben bildet für mich die Grundlage für das Entstehen einer Gruppe.

Hierzu zählen die gesamte Atmosphäre im Seminarraum, gemeinsames Lachen, Bewegungs- und Seminarspiele, Brettspiele (so sie zum Thema passen), vielleicht auch mal gemeinsam einen internationalen Kreistanz wagen, und, und hier sind wir wieder beim Thema, der ständige Einsatz von **kreativen Partner- und Gruppenfindungsübungen**, um die einzelnen Mitglieder immer wieder spielerisch und rein zufällig miteinander in Kontakt zu bringen. Ein Anzapfen und Ausschöpfen der Gruppenressource ist somit auf den Weg gebracht.

Denn Sie kennen doch sicherlich das dem griechischen Philosophen Aristoteles zugesprochene Zitat: „Das Ganze ist mehr als die Summe seiner Einzelteile."

Meine Erfahrung hat nun gezeigt, dass eine gute Balance zwischen Kommunikation und Kommunion leicht zu einer guten Gruppenkohäsion führen kann.

In dieser kohärenten Gruppe werden deren Mitglieder in großem Maße auf die Gruppenressourcen zurückgreifen können, weil es die Atmosphäre den Teilnehmern erlaubt, sich zu öffnen und voneinander zu profitieren.

Und in genau solch einer Gruppe wird der einzelne, also das Individuum, effektiv und erfolgreich lernen ... so meine Erfahrung.

Soweit dieses kleine Modell mit einem Erklärungsmuster, warum es sich lohnt, ein wenig Aufwand, mal mit und mal ohne Material, zu betreiben, die Teilnehmer in Ihrem Seminar immer wieder neu zu „(aufzu)mischen".

Was Hänschen nicht lernte, lernt Hans auf dem zweiten Bildungsweg.

© Franz Kovacs, (*1949), deutscher Schriftsteller und Lyriker

Warum Paar- und Gruppenfindungsübungen?

Neben dem bereits im vorigen Kapitel aufgeführten wertvollen Ziel der Gruppenkohäsion gibt es noch weitere Gründe, warum es sich lohnen könnte, Paar- und Gruppenfindungsübungen zu einem Bestandteil Ihres Unterrichts zu machen.

Prinzipiell gilt, dass Arbeiten heute weitgehend in Gruppen stattfindet – erfolgreiches Arbeiten im Team wird immer bedeutender für den Erfolg unserer Gesellschaft.

Lange habe ich geglaubt, es sei ein typisch deutsches Merkmal, wenn sich Teilnehmer immer wieder den gleichen Stuhl im Kreis ergattern (und diesen auch nur unschwer wieder loslassen können). Durch meine Arbeit mit vielen internationalen Gruppen bin ich nun an dem Punkt angekommen, dass es wohl doch eine eher menschliche Eigenschaft sein muss und nicht alleine den Deutschen zuzuschreiben ist.

Vermutlich gibt es dem Teilnehmer einen Grad an Sicherheit zu wissen, „dies ist mein Stuhl, hier kann ich meine Unterlagen, Jacke, Tasche usw. ablegen".

Doch Sie alle haben schon erfahren, dass sich Teilnehmer unterschiedlich schnell entwickeln bzw. lernen. Würden die beiden Menschen, die sich zufällig im Kreis als Nachbarn gefunden haben (und sich sicherlich auch zu einem gewissen Grad mögen), nun immer

und immer wieder alle Partnerübungen gemeinsam machen, glaube ich, dass hier eine Spannung entstehen könnte. Zudem werden die beiden sehr schnell die „Denke" des jeweils anderen herausgefunden haben, so dass es entweder zu ganz harmonischen oder sehr widersprüchlichen Diskussionen kommen wird.

Das ständige „Durchmischen" der Gruppe sorgt dafür, dass ein Maximum an Austausch entsteht, es zu keiner Cliquen-Bildung kommt und jeder TN gleichermaßen wichtig gemacht wird für den Gruppen- und Lernprozess.

Das sich Immer-Wieder-Neu-Einlassen auf einen anderen Menschen birgt Qualitäten, die wir auch im Alltag und in unserem Beruf ständig benötigen und hier im geschützten Rahmen des Seminarraums üben können.

Für mich gelten hier die Maximen:

Sorge als Trainer so oft wie möglich dafür, dass der sogenannte Zufall (Sie können diesen oft auch ein wenig in die Hand nehmen) darüber entscheidet, wer mit wem in welcher Kleingruppe zusammen arbeitet.

und

Einen guten Grad an Gruppenkohäsion zu erreichen, sollte Ziel eines jeden Unterrichts sein.

Gleichzeitig bieten Partner- und Gruppenfindungsübungen den Teilnehmern die Möglichkeit, nach einer langen rezeptiven Phase einmal aufzustehen, den Kreislauf ein wenig anzukurbeln und einen neuen Blick auf den Raum und auf die Gruppe zu bekommen.

Nicht zuletzt haben die in diesem Buch beschriebenen Inszenarien einen hohen Spaßfaktor und somit einen maßgeblichen Einfluss auf die Atmosphäre in Ihrer Lerngruppe.

Denn genau so, wie ich meinen Lernern das Recht auf Fehler, das Recht auf Schweigen, das Recht auf Wiederholung und das Recht auf Vergessen zugestehe, haben sie auch das Recht auf Lernen mit Spaß.

Für Sie sicherlich noch spannend zu wissen, dass ich alle Übungen in zahlreichen Seminaren und Workshops dutzendfach ausprobiert, eingesetzt und modifiziert habe. Die Erfahrungswerte sprechen deutlich für den Einsatz dieser Paar- und Gruppenfindungsübungen.

Haben Sie den Mut, auch mal einen ungewöhnlichen Weg zu gehen.

Am besten lernt der, der sich dabei vergnügt.

© Aba Assa, (*1974), Essayistin

Die Multiplen Intelligenzen nach Howard Gardner

Neben dem wertvollen Blick auf die unterschiedlichen Lerntypen (visuell, auditiv und kinästhetisch) hat das Kennenlernen der Multiplen Intelligenzen nach Howard Gardner meine Seminare deutlich bereichert und vertieft.

Aus diesem Grunde finden Sie bei allen Übungen auch eine kurze Auflistung (MI), welche der unterschiedlichen Intelligenzen hier angesprochen werden – ganz nach Inszenierung der Übung kann sich dies aber auch ändern (wenn Sie z.B. den bei manchen Übungen vorgeschlagenen Einsatz von Musik umsetzen, wird automatisch bei vielen TN auch noch die musikalisch-rhythmische Intelligenz angesprochen werden).

Doch was sind die Multiplen Intelligenzen?

Howard Gardner hat in den 80er Jahren diese Theorie entwickelt, weil nach seiner Überzeugung die klassischen Intelligenztests nicht ausreichen, um Fähigkeiten zu erkennen (und entsprechend zu fördern), die über den Erfolg im Leben in verschiedenen kulturellen Umfeldern (bzw. Berufen) entscheiden.

Unter Intelligenz versteht Howard Gardner eine Reihe von Fähigkeiten oder Fertigkeiten, die notwendig sind, echte Probleme zu lösen oder Schwierigkeiten in einem bestimmten kulturellen Umfeld zu überwinden. Dazu gehört auch die Fähigkeit, Probleme zu erkennen und damit den Grundstein für den Erwerb von neuem Wissen zu legen.

Gardner unterscheidet gegenwärtig die folgenden acht Intelligenzen:

- Sprachlich-linguistische Intelligenz
- Logisch-mathematische Intelligenz
- Musikalisch-rhythmische Intelligenz
- Bildlich-räumliche Intelligenz
- Körperlich-kinästhetische Intelligenz
- Naturalistische Intelligenz
- Interpersonale Intelligenz
- Intrapersonale Intelligenz

Durch diesen Ansatz von Howard Gardner ist es mir gelungen, meine Teilnehmer noch ein wenig differenzierter zu sehen; oft erkenne ich, warum eine Übung bei einer Gruppe supergut funktioniert, aber bei der Parallelgruppe gleichen Niveaus so gar nicht recht glücken will. Unterschiedliche Gruppen setzen sich aus unterschiedlichen Teilnehmern mit unterschiedlich ausgeprägten Intelligenzen zusammen. Spannend wird es dann, wenn es Ihnen gelingt, die „Struktur" Ihrer Gruppe zu erkennen, um dann die Übungen entsprechend auf Ihre Teilnehmer zuzuschneiden.

Sprachlich-linguistische Intelligenz

Zur sprachlichen Intelligenz gehören das Gefühl für die gesprochene und die geschriebene Sprache, die Fähigkeit, Sprachen zu lernen, und die Fähigkeit, Sprache treffsicher einzusetzen, um eigene Gedanken auszudrücken und zu reflektieren. Hierzu zählt auch die Fähigkeit, das Sprechen anderer zu verstehen. Rechtsanwälte, Redner, Schriftsteller und Dichter zählen zum Kreis der Personen mit hoher sprachlicher Intelligenz. (Homer, William Shakespeare und Johann Wolfgang von Goethe)

In Seminar, Training und Unterricht:

- Gruppendiskussion
- Präsentationen geben, Reden halten
- Lesen mit Partner, stilles Lesen, Vorlesen durch Lehrer / Trainer
- Geschichten erzählen
- Arbeitsblätter vervollständigen
- Geschichten / Vorträge / Kassetten anhören und aufnehmen
- Notizen machen
- Schreiben
- Wort-Formations-Spiele
- (Chorisches) Sprechen
- Spiele: Scrabble, Taboo, Trivial Pursuit, etc.

Logisch-mathematische Intelligenz

Zur logisch-mathematischen Intelligenz gehört die Fähigkeit, Probleme logisch zu analysieren, mathematische Operationen durchzuführen und Schlussfolgerungen aufzustellen. Die Fähigkeit, mit Zahlen, Mengen und mentalen Operationen umzugehen, ist hier anzusiedeln. Von der logisch-mathematischen Intelligenz machen Mathematiker, Logiker und Naturwissenschaftler Gebrauch. (Aristoteles, Euklid, Al-Chwarizmi, Pascal, Leonhard Euler, Carl Friedrich Gauß und Leibniz)

In Seminar, Training und Unterricht:

- Probleme lösen
- Kritisches Denken
- Regeln erarbeiten
- KreuzWortRätsel
- Vorhersagen
- Abfolge von Ereignissen in einer Geschichte festlegen
- Daten sammeln
- PC benutzen
- Reihenfolgen festlegen
- nach Mustern in Wortlisten suchen
- Grammatik analysieren
- Grammatikregeln erarbeiten
- „Odd one out" finden

Musikalisch-rhythmische Intelligenz

Musikalische Intelligenz bedeutet die Begabung zum Musizieren und zum Komponieren. Auch ein besonderes Gefühl für Klang, Harmonie, Rhythmus und Intonation gehört dazu, ebenso eine entsprechende Hörfähigkeit. (Johann Sebastian Bach, Wolfgang Amadeus Mozart und Ludwig van Beethoven)

In Seminar, Training und Unterricht:

- Lieder, Singen, Summen
- Jazz chants
- Musik im Hintergrund
- Musik zu Geschichten und Handlungen assoziieren
- Liedtexte schreiben
- Rhythmus zum Lernen nutzen
- Instrument spielen
- Wort-Silben klatschen
- Rhythmus nutzen, um Regeln zu behalten

Bildlich-räumliche Intelligenz

Zur räumlichen Intelligenz gehört die Fähigkeit, räumliche Zusammenhänge leicht zu erkennen und gedanklich umformen zu können. Sie geht einher mit einem stark ausgebildeten räumlichen Vorstellungsvermögen. Seeleute aber auch Bildhauer, Chirurgen, Schachspieler, Ingenieure, Graphiker oder Architekten nutzen diese Fähigkeit. (Leonardo da Vinci, Michelangelo, Raffael, Vincent van Gogh und Pablo Picasso)

In Seminar, Training und Unterricht:

- Charts und Landkarten benutzen
- Mind-Maps
- Diagramme und Zeichnungen benutzen
- Videos und Filme anschauen
- Visualisierungen
- Bilder, Photos
- Malen und Farbe benutzen
- Geschichten illustrieren
- Collagen herstellen
- aufgeteilte Sätze benutzen (split sentences)
- Sätze in eine Reihenfolge (z.B. Geschichte) bringen

Lernen tut man nur von Leuten, die einen nicht belehren wollen.

© Ulrich Erckenbrecht, (*1947), deutscher Schriftsteller und Aphoristiker (Pseudonym: Hans Ritz)
Quelle : »Divertimenti« Wortspiele, Sprachspiele, Gedankenspiele, Muriverlag

Körperlich-kinästhetische Intelligenz

Die körperlich-kinästhetische Intelligenz enthält das Potenzial zu einer außergewöhnlichen Beherrschung, Kontrolle und Koordination des Körpers und einzelner Körperteile. Die offensichtlichen Vertreter dieser Intelligenz sind natürlich die Tänzer, Schauspieler und Sportler. Wichtig ist diese Form der Intelligenz aber auch für Handwerker, Chirurgen, experimentell arbeitende Wissenschaftler, Mechaniker und Angehörige vieler anderer technischer Berufe. (Mary Wigman, Anna Pawlowna Pawlowa)

In Seminar, Training und Unterricht:

- Entspannungsübungen
- Tanzen
- Bewegung
- Rollen-Spiel, Theater
- Brain gym
- Hands-on learning
- Pantomine
- „Finde jemand, der…"- Aktivität
- Herumlaufen
- TPR (Total Physical Response)
- Exkursionen
- Lernkartei benutzen
- Körpersprache
- Bedeutung von Wörtern mit dem Körper darstellen

Naturalistische Intelligenz

Diese Intelligenz beschreibt die Fähigkeit, Lebendiges zu beobachten, zu unterscheiden und zu erkennen sowie eine Sensibilität für Naturphänomene zu entwickeln. Sie bezieht sich aber auch auf die Fähigkeit, Dinge leicht kategorisieren und klassifizieren zu können. (Isaac Newton, Charles Darwin und Albert Einstein)

In Seminar, Training und Unterricht:

- Klassifizieren und Kategorisieren
- Ähnlichkeiten und Unterschiede in Bildern und Texten finden
- Zuordnungsaufgaben
- Thema Natur bei der Auswahl der Aufgaben berücksichtigen

Interpersonale Intelligenz

Als interpersonale Intelligenz wird die Fähigkeit bezeichnet, auch unausgesprochene Motive, Gefühle und Absichten anderer Menschen nachempfindend zu verstehen (vergleichbar mit Empathie) und deren Stimmungen und Emotionen zu beeinflussen. Diese Fähigkeit ist eine wesentliche Voraussetzung für den erfolgreichen Umgang mit anderen Menschen. (Mahatma Gandhi, Mutter Teresa, Nelson Mandela und Martin Luther King)

In Seminar, Training und Unterricht:

- Gruppen- und Partnerarbeit
- Brainstorming
- Unterricht durch andere Lerner
- Brieffreunde
- „Gruppen-Geschichten" schreiben
- Teilen
- Projektarbeit
- Diskussionen
- soziale Treffen / Vereine
- Feedback geben und erhalten
- Interviews
- Konfliktmediation

Intrapersonale Intelligenz

Die intrapersonale Intelligenz schließlich ist die Fähigkeit, die eigenen Gefühle, Stimmungen, Schwächen, Antriebe und Motive zu verstehen und zu beeinflussen. Sie beschreibt auch die Fähigkeit, seine Impulse zu kontrollieren, eigene Grenzen zu kennen und mit den eigenen Gefühlen klug umzugehen.

In Seminar, Training und Unterricht:

- individuelle Projektarbeit
- Lernertagebuch / Portfolio
- Selbststudium / Hausaufgaben
- persönliche Zielsetzung
- alleine Arbeiten
- reflektierende Lernaktivitäten
- alleine am PC arbeiten
- Selbstauswertung / -bewertung
- Auswahl bei Aufgaben
- eigene Stärken und Schwächen beim Lernen herausfinden
- leises Lesen
- Entspannungstechniken

Lernen heißt nämlich, sich dem Stoff zu fügen, nicht dem Lehrer!

© Peter E. Schumacher, (*1941), Aphorismensammler und Publizist

Inszenarien mit Einsatz von Materialien

Lernen heißt, auf Empfang zu gehen.

© Prof. Dr. Hans-Jürgen Quadbeck-Seeger, (*1939), deutscher Chemiker, Mitglied der Enquête-Kommission für Gentechnik des Deutschen Bundestages, wurde für sein Engagement mit dem Bundesverdienstkreuz ausgezeichnet
Quelle : »Der Wechsel allein ist das Beständige«, 2002

Paar- und Gruppenfindungsübungen für …

Visuelle Lerntypen

Der visuelle Lerntyp behält das Gesehene am besten im Gedächtnis. Er lernt am besten durch das Beobachten von Handlungsabläufen, das Lesen von Büchern oder Unterlagen sowie durch grafische Darstellungen.

Der visuelle Lerntyp nimmt Informationen vorwiegend über die Augen auf. Bevorzugt werden vor allem Lesen und graphische Darstellungen. Visuelle Signale wie Bewegung, Form und Farbe werden im Gedächtnis behalten. Er erinnert sich besonders an das, was er selbst gelesen und gesehen hat. Wesentliches sollte mit Textmarkern hervorgehoben werden. Zeichnungen oder Skizzen können selbst komplizierte Textaufgaben einfach erscheinen lassen. Hilfsmittel für den visuellen Typ sind Bücher, Graphiken, Mind-Maps, Lernposter und Lernkarteien.

So erkennt man die Visuellen Lerner …

- … schätzen im Unterricht erst Erklärungen, dann eine Demonstration sowie eigenes Ausprobieren
- … wollen (ein) sehen, WARUM sie etwas machen sollen
- … benötigen schriftliche Aufgabenstellungen / haben Schwierigkeiten mit rein verbalen Arbeitsanweisungen
- … haben einen bestimmten Platz für alles und sind gut organisiert
- … mögen es, wenn der Trainer gut strukturiert ist

… wollen den Mund des Sprechers sehen, haben sonst große Probleme, die Informationen aufzunehmen
… wollen Worte geschrieben oder im Bild sehen
… usw.

Visuelle Lerner mögen…

… Lernposter
… Video, Dias, Filme
… Diagramme
… Farben
… Mind-maps, Flowcharts
… innere Bilder
… usw.

Visuelle Sprachmuster:

- Dieser Schrank hat auch schon bessere Tage gesehen.
- Wir sollten das mal genauer in Augenschein nehmen.
- Ich denke, das sind schlechte Aussichten für die Industrie.
- Es ist gut, dass wir jetzt einen Überblick haben.
- Das ist ein interessanter Blickpunkt.
- Jetzt geht mir ein Licht auf.
- Wir haben grünes Licht bekommen.
- Ich glaube, der will uns hinters Licht führen.

Postkartenpuzzle

Ziel/Zweck: Partnerfindung
Material: Postkarten
Vorbereitung / Vorfeld:
Postkarten in zwei Teile zerschneiden
Vorbereitung / Seminartag:
Abzählen und Zurechtlegen der Postkartenpaare

Anzahl der TN: beliebig
Gruppierung: Plenum
Form: TN sitzen anfänglich, dann Herumlaufen zur Partnersuche durch visuelle Zuordnung
Dauer: abhängig von Anzahl der TN, 2-3 Min
MI: sprachlich-linguistisch, räumlich-visuell, körperlich-kinästhetisch, interpersonal

Beschreibung:

- TN sitzen im Kreis
- jeder erhält eine Postkartenhälfte
- TN stehen auf, laufen herum und suchen die passende Postkartenhälfte durch Schauen und Aneinanderhalten der Kartenteile
- Auftrag: „Suchen Sie doch bitte den Menschen hier im Raum, der Ihre Postkartenhälfte harmonisch und sinnvoll ergänzt. Nehmen Sie dann zusammen Platz und ... ."

Kommentar:

- günstig ist es, auf der Rückseite der Postkarten schon den Arbeitsauftrag / die Impulsfrage / etc. für die nächste Aufgabe zu stellen
- TN werden diesen Text neugierig lesen und in aller Regel sofort mit der Umsetzung beginnen (Hinweis: Arbeitsauftrag muss klar sein, denn ein Unterbrechen ist dann nur wenig sinnvoll)

Dank dieser Übung kann ich an keinem Laden mit Postkarten mehr vorbeigehen.

Bilderpuzzle

Ziel/Zweck: Gruppenfindung
Material: Postkarten / Kalenderblätter
Vorbereitung / Vorfeld:
Postkarten / Kalenderblätter in entsprechend viele Teile zerschneiden
Vorbereitung / Seminartag:
Abzählen und Zurechtlegen der Bilder
Anzahl der TN: beliebig

Gruppierung: Plenum
Form: TN sitzen anfänglich, dann Herumlaufen zur Partnersuche durch visuelle Zuordnung
Dauer: abhängig von Anzahl der TN, 2-3 Min
MI: sprachlich-linguistisch, räumlich-visuell, körperlich-kinästhetisch, interpersonal

Beschreibung:

- TN sitzen im Kreis
- jeder erhält ein Bildteil
- TN stehen auf, laufen herum und suchen passende Teile durch Schauen und Aneinanderhalten der Puzzle-Teile
- Auftrag: „Suchen Sie doch bitte die Menschen hier im Raum, die zusammen mit Ihrem ein komplettes Bild darstellen … wenn Sie sich als Gruppe gefunden haben, nehmen Sie bitte zusammen Platz und warten kurz auf Ihren Arbeitsauftrag …."

Kommentar:

- günstig ist es, die Bildgruppen einzusammeln und gleich mit einer Klammer (fold-back clip) zusammenzufassen
- als effektiv hat sich auch erwiesen, die unterschiedlichen Bilder farbzucodieren, d.h. alle 4er-Gruppen haben einen roten Punkt auf der Rückseite, alle 3er-Gruppen einen blauen Punkt, usw. zum leichteren Sortieren
- Kalenderblätter eignen sich hier besonders gut
- Tipp: Kalender im Jan/Feb kaufen, dann sind sie günstiger

Bezugsquelle: überall dort, wo es Kalender gibt

Bildermemory

Ziel/Zweck: Paarfindung
Material: Memorykärtchen
Vorbereitung / Vorfeld: Memorykärtchen einpacken
Vorbereitung / Seminartag: Abzählen und Zurechtlegen der Bildpaare

Anzahl der TN: beliebig
Gruppierung: Plenum
Form: TN sitzen anfänglich, dann Herumlaufen zur Partnersuche durch visuelle Zuordnung
Dauer: abhängig von Anzahl der TN, 2-3 Min
MI: sprachlich-linguistisch, räumlich-visuell, körperlich-kinästhetisch, interpersonal

Beschreibung:

- TN sitzen im Kreis
- jeder erhält ein Kärtchen
- TN stehen auf und laufen herum, um Partner zu finden
- Auftrag: „Suchen Sie doch bitte den Menschen hier im Raum, der genau das gleiche Bild hat wie Sie. …"

Kommentar:

- um diese Übung noch energievoller zu gestalten, können Sie die Kärtchen austeilen, dann die TN bitten, aufzustehen und zu einer schwungvollen Musik im Raum herumzulaufen, um dabei die Kärtchen immer wieder auszutauschen
- erst wenn die Musik stoppt, gilt es, den Partner mit dem gleichen Bild zu finden; denkbar sind hier durchaus mehrere Runden mit unterschiedlichen Impulsfragen
- im Handel gibt es zudem unter dem Titel „Gemischtes Doppel" Memory-Kärtchen, die sprachlich sehr ansprechend sind; Paare sind hier: Schaumbaden – Baumschaden, Kopf oder Zahl – Zopf oder kahl, Heidekraut – Kreidehaut, usw.

Bezugsquelle: Spielwarenladen oder das Kinderzimmer

Aufkleber

Ziel/Zweck: Partnerfindung / Gruppenfindung
Material: Aufkleber / Arbeitsblätter
Vorbereitung / Vorfeld: Arbeitsblätter kopieren / Aufkleber besorgen
Vorbereitung / Seminartag: Abzählen und Zurechtlegen der Kopien / Aufkleber

Anzahl der TN: beliebig
Gruppierung: Plenum
Form: TN sitzen anfänglich, dann Herumlaufen, um Partner zu finden
Dauer: abhängig von Anzahl der TN, 1-2 Min
MI: räumlich-visuell, körperlich-kinästhetisch, interpersonal

Beschreibung:

- TN sitzen im Kreis
- jeder erhält ein Arbeitsblatt, in dessen rechter oberer Ecke ein Aufkleber klebt
- TN stehen auf und laufen herum, um Partner zu finden
- Auftrag: „Suchen Sie doch bitte den Menschen hier im Raum, dessen Aufgabenblatt den gleichen Aufkleber hat wie der auf Ihrem Blatt. Nehmen Sie dann zusammen Platz, und bearbeiten Sie das Blatt / die erste Aufgabe / …"

Kommentar:

- hier gibt es Aufkleber der unterschiedlichsten Art … vielleicht sogar welche, die thematisch zu Ihrem Fach passen (Essen, Werkzeuge, Transportmittel, etc.) oder einfach nur bunte Klebepunkte oder Smileys
- je nachdem, wie viele gleiche Aufkleber Sie benutzen, kommt es zu Paar- oder Gruppenbildung

Bezugsquelle: Schreibwarenläden aller Art

Auf den Punkt gebracht

Ziel/Zweck: Partnerfindung / Gruppenfindung
Material: Klebepunkte
Vorbereitung / Vorfeld: Klebepunkte bereit halten
Vorbereitung / Seminartag: Klebepunkte unter die Sitzflächen der Stühle kleben

Anzahl der TN: beliebig
Gruppierung: Plenum
Form: TN sitzen anfänglich, dann kurzes Aufstehen
Dauer: abhängig von Anzahl der TN, 1-2 Min
MI: räumlich-visuell, körperlich-kinästhetisch, interpersonal

Beschreibung:

- TN sitzen im Kreis
- zu dem gewünschten Zeitpunkt der Paar- oder Gruppenfindung bittet der Trainer die TN, einmal unter ihren Stuhl zu schauen
- TN stehen auf und untersuchen die Sitzfläche ihrer Stühle, entdecken dort Klebepunkte
- Auftrag: „Suchen Sie doch bitte den Menschen hier im Raum, der auf dem gleichen Farbpunkt zu sitzen kam wie Sie. Um das herauszufinden, schauen Sie mal auf die Sitzflächen unter Ihren Stühlen. Nehmen Sie dann zusammen Platz und … ."

Kommentar:

- oft sind die TN durchaus überrascht über diesen unerwarteten Impuls; dies geht oft einher mit entsprechender Wertschätzung für den Trainer, der offenbar noch mehr Vorbereitung geleistet hat, als den TN ohnehin schon sichtbar erschien

---

Bezugsquelle: Schreibwarenläden aller Art

Etiketten

Ziel/Zweck: Partnerfindung / Gruppenfindung

Material: Arbeitsblätter / beschriftete Etiketten

Vorbereitung / Vorfeld: Kopien herstellen, Etiketten beschriften

Vorbereitung / Seminartag: Abzählen und Zurechtlegen der Kopien / Etiketten

Anzahl der TN: beliebig

Gruppierung: Plenum

Form: TN sitzen anfänglich, dann Herumlaufen, um Partner zu finden

Dauer: abhängig von Anzahl der TN, 1-2 Min

MI: sprachlich-linguistisch, logisch-mathematisch, räumlich-visuell, körperlich-kinästhetisch, naturalistisch, interpersonal

Beschreibung:

- TN sitzen im Kreis
- jeder erhält ein Arbeitsblatt, in dessen rechter oberer Ecke ein beschriftetes Etikett klebt
- TN stehen auf und laufen herum
- Auftrag: „Suchen Sie doch bitte den Menschen hier im Raum, dessen Etikett Ihres ideal ergänzt. *(vor dem Bearbeiten des Arbeitsauftrags kurz gemeinsam checken, ob die Kollokationen auch stimmen und sich die richtigen Partner gefunden haben.)*
- Nehmen Sie dann zusammen Platz und bearbeiten Sie …"

Kommentar:

- hier gibt es Möglichkeiten der unterschiedlichsten Art … ganz abgestimmt auf Ihr Thema / Fach
- Beispiele: reich – arm / groß – klein / tall – short / huge – tiny / … // Onkel – Tante / Nichte – Neffe / …
- Kollokationen: einen Brief – schreiben / ein Telefonat – machen / einen Besucher – empfangen / …
- Gruppen: Brief-Email-Fax / Telefonat-Telefonkonferenz-Videokonferenz / …

Bezugsquelle: Schreibwarenladen, standardisierte Etiketten von z.B. Zweckform.
Tipps, wie Sie die Etikettenfunktion in Word nutzen können, finden Sie auf der Verlagswebseite:
www.schilling-verlag.de

Tarzan findet Jane!

Ziel/Zweck: Partnerfindung
Material: Kopiervorlage
Vorbereitung / Vorfeld:
Kopien herstellen, ausschneiden
Vorbereitung / Seminartag:
Abzählen und Zurechtlegen der Namenszettel
Anzahl der TN: beliebig

Gruppierung: Plenum
Form: TN sitzen anfänglich, dann Herumlaufen, um Partner zu finden
Dauer: abhängig von Anzahl der TN, 1-2 Min
MI: sprachlich-linguistisch, logisch-mathematisch, räumlich-visuell, körperlich-kinästhetisch, naturalistisch, interpersonal

Beschreibung:

- TN sitzen im Kreis
- jeder erhält einen Zettel mit einem Namen (siehe Kopiervorlage)
- Auftrag: „Suchen Sie doch bitte den Menschen hier im Raum, dessen Name Ihren ideal ergänzt. *(vor dem Bearbeiten des Arbeitsauftrags kurz gemeinsam checken, ob die Paarungen auch stimmen und sich die richtigen Partner gefunden haben.)*
- Nehmen Sie dann zusammen Platz und bearbeiten Sie …"

Kommentar:

- wenn diese Übung am Anfang eines Seminars eingesetzt wird, passiert es oft, dass die TN die Identitäten der Charaktere für sich annehmen und bis Seminarende spaßeshalber beibehalten … Lachen garantiert

Kopiervorlage mit Namenspaaren finden Sie als kostenlose Downloaddatei auf der Verlagswebseite: www.schilling-verlag.de

Skatblatt / Quartett

Ziel/Zweck: Partnerfindung / Gruppenfindung
Material: Skatblatt / Quartettspiel
Vorbereitung / Vorfeld: Kartenspiel einstecken
Vorbereitung / Seminartag: Abzählen und Zurechtlegen der Karten
Anzahl der TN: beliebig

Gruppierung: Plenum
Form: TN sitzen anfänglich, dann Herumlaufen, um Partner zu finden
Dauer: abhängig von Anzahl der TN, 1-2 Min
MI: logisch-mathematisch, räumlich-visuell, körperlich-kinästhetisch, naturalistisch, interpersonal

Beschreibung:
- TN sitzen im Kreis
- jeder erhält eine Skatkarte
- TN stehen auf und laufen herum
- Auftrag: „Suchen Sie doch bitte den Menschen hier im Raum, dessen Skatkarte eine andere / die gleiche Farbe wie Ihre // dessen Skatkarte das gleiche Symbol hat wie Ihre (also König zu König, oder Herz zu Herz) // … oder Suchen Sie die Menschen, deren Karten mit Ihrer eine Gruppe / ein Quartett / ein Full House usw. bilden …"

Kommentar:
- hier gibt es die unterschiedlichsten Kombinationsmöglichkeiten, Paare oder Gruppen zu bilden
- oft behalten die TN die Karten für den Tag und werden unter immer wieder neuen Kriterien als Gruppen zusammengestellt
- spannend ist neben der Gruppeneinteilung auch eine mögliche Rollenzuteilung:
  1. Herz = Gruppenmoderator (achtet darauf, dass alle zu Wort kommen)
  2. Kreuz = Protokollführer / Visualisierer
  3. Schippe = Zeitmanager
  4. Karo = Präsentator der Gruppenergebnisse

Bezugsquelle: Spielwarenhandel

Paar- und Gruppenfindungsübungen für ...

Auditive Lerntypen

Der auditive Lerntyp behält das Gehörte am besten im Gedächtnis. Er lernt am besten durch Zuhören und kann mündlichen Erklärungen geistig leicht folgen und sie verarbeiten.

Auditive Lerntypen hören gerne zu und nehmen Informationen bevorzugt mit den Ohren auf. Dem auditiven Lerntyp ist es eine Hilfe, den zu lernenden Stoff beim Lesen mitzusprechen, damit sich Inhalt, Klang und Melodie des Lernstoffs besser einprägen. Ebenfalls geeignet sind Kassetten und Audio-CDs.

Dieser Lerntyp kann gewöhnlich sehr gut auswendig lernen, mündliche Prüfungen und Kommunikation sind seine Stärken.

So erkennt man die Auditiven Lerner ...

- ... lernen durch Zuhören, müssen aber auch selbst reden
- ... kommen vom Hölzchen aufs Stöckchen (eigener hoher Sprechanteil)
- ... sprechen in rhythmischen Mustern
- ... begleiten das eigene Sprechen gern mit rhythmischen Bewegungen der Hand, des Kopfes oder des Oberkörpers
- ... lieben Musik (auch im Unterricht)
- ... hören in einem Gespräch und brauchen keinen Augenkontakt (was der V aber wünscht)
- ... können sich gut an gesprochene Worte oder an bestimmte Ideen erinnern

Auditive Lerner mögen ...

- ... Musik und Lieder
- ... Lernkassetten
- ... innerlich leises oder lautes Sprechen
- ... Gruppenarbeit oder persönliches Ansprechen
- ... Merksprüche, Chants, Reime
- ... usw.

Auditive Sprachmuster:

- Oh weh, ich muss das völlig überhört haben.
- Wir sollten das mal zur Sprache bringen.
- Das will ich gar nicht in Abrede stellen.
- Da verschlägt es mir glatt die Sprache.
- Er hat stets ein offenes Ohr für die Probleme anderer.
- Das klingt echt gut.
- Im Moment rauscht das alles an mir vorbei.
- Der hört mir immer nur mit halbem Ohr zu.
- Und dann ist sie plötzlich ganz kleinlaut geworden.
- Kannst Du mir mal einen Moment Gehör schenken.
- Er gibt gerne den Ton an.

Überraschungseier

Ziel/Zweck: Partnerfindung / Gruppenfindung
Material: Überraschungseier (gelbe Innenteile aus Plastik)
Vorbereitung / Vorfeld: Überraschungseier mit Material füllen
Vorbereitung / Seminartag: Abzählen und Zurechtlegen der Überraschungseier
Anzahl der TN: beliebig

Gruppierung: Plenum
Form: TN sitzen anfänglich, dann Herumlaufen, um Partner durch den gleichen Klang der Überraschungseier zu finden
Dauer: abhängig von Anzahl der TN, 2-3 Min
MI: körperlich-kinästhetisch, musikalisch-rhythmisch, naturalistisch, interpersonal

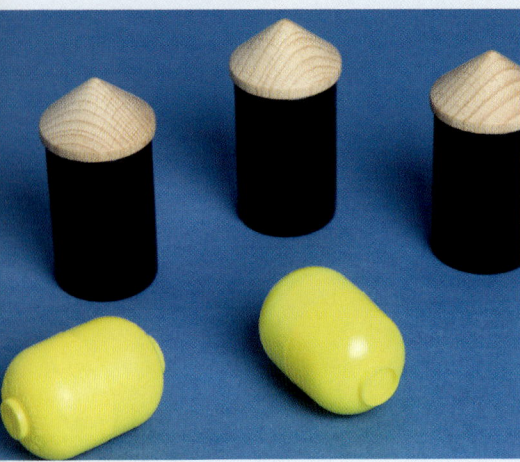

Beschreibung:

- TN sitzen im Kreis
- jeder erhält ein Überraschungsei
- TN stehen auf und laufen herum, um Partner durch den gleichen Klang des Ei-Inhaltes zu finden
- Auftrag: „Suchen Sie doch bitte den Menschen hier im Raum, dessen Ü-Ei genau so klingt wie das Ihre. Nehmen Sie dann zusammen Platz und … ."

Kommentar:

- günstig ist es, die Ü-Eier mit ganz unterschiedlichen Dingen zu füllen, z.B. Sand oder Reis, einer Münze, einem Nagel, usw. – wichtig ist, dass sich die Klänge gut unterscheiden lassen
- alternativ können Sie auch im Fotogeschäft oder in Drogerien mit Fotoabteilung nach Filmdöschen fragen, die dort oft gesammelt und entsorgt werden
- wenn Sie den Vorbereitungsaufwand scheuen sollten, gibt es im Handel bereits fertige Schütteldöschen

Bezugsquelle: Supermarkt und Co / „Lauschwunder" www.ksw-ev.de
(Danke an meine gute Freundin Tatjana Kaiser für dieses wunderbare Geschenk)

Die Kuh macht MUH

Ziel/Zweck: Partnerfindung / Gruppenfindung
Material: Spielzeugteile, die unterschiedliche Klänge produzieren
Vorbereitung / Vorfeld: Spielzeuge besorgen
Vorbereitung / Seminartag: Abzählen und Zurechtlegen der Spielzeuge

Anzahl der TN: beliebig
Gruppierung: Plenum
Form: TN sitzen anfänglich, dann Herumlaufen, um Partner am gleichen Klang zu finden
Dauer: abhängig von Anzahl der TN, 2-3 Min
MI: körperlich-kinästhetisch, musikalisch-rhythmisch, naturalistisch, interpersonal

Beschreibung:

- TN sitzen im Kreis
- jeder erhält ein Spielzeug
- TN stehen auf und laufen herum, um Partner am gleichen Klang zu erkennen
- Auftrag: „Suchen Sie doch bitte den Menschen hier im Raum, dessen Spielzeug genau so klingt wie das Ihre. Nehmen Sie dann zusammen Platz und … ."

Kommentar:

- als günstig hat sich erwiesen, die Spielzeuge wie rohe Eier zu überreichen und eine gewisse Vorsicht im Umgang zu vermitteln, damit kein TN auf die Idee kommt, schon vor Beginn der Übung auf das Spielzeug zu drücken … ein Überraschungseffekt setzt immer dann ein, wenn alle TN gleichzeitig auf die kleine Dose drücken (manche Dosen erzeugen erst dann ein Geräusch, wenn man sie auf den Kopf stellt bzw. dreht)
- hierbei ist es sinnvoll, die Teilnehmer NICHT zu bitten: „Bitte noch nicht draufdrücken!" … erfahrungsgemäß können einige TN diesem „Druck" nicht widerstehen und drücken schon zu früh los … der Überraschungseffekt ist dann leider dahin

Bezugsquelle: Spielwarenladen, hier: Pappnase

Hörmemory

Ziel/Zweck: Paarfindung
Material: Memorykärtchen
Vorbereitung / Vorfeld:
Memorykärtchen einpacken
Vorbereitung / Seminartag:
Abzählen und Zurechtlegen der Bildpaare
Anzahl der TN: beliebig
Gruppierung: Plenum

Form: TN sitzen anfänglich, dann Herumlaufen, um Partner am gleichen Klang zu finden
Dauer: abhängig von Anzahl der TN, 2-3 Min
MI: räumlich-visuell, körperlich-kinästhetisch, musikalisch-rhythmisch, naturalistisch, interpersonal

Beschreibung:

- TN sitzen im Kreis
- jeder erhält ein Kärtchen
- TN stehen auf und laufen herum, um ihren Partner zu finden
- Auftrag: „Laufen Sie bitte im Raum herum und machen das typische Geräusch für das Tier auf Ihrer Karte. Suchen Sie doch dabei bitte den Menschen hier im Raum, der genau das gleiche Geräusch wie Sie macht …"

Kommentar:

- um diese Übung noch energievoller zu gestalten, können Sie die Kärtchen austeilen, dann die TN bitten aufzustehen und zu einer schwungvollen Musik im Raum herumzulaufen, um dabei die Kärtchen immer wieder auszutauschen
- erst wenn die Musik stoppt, gilt es, den Partner mit dem gleichen Geräusch zu finden
- besonders spaßig ist der Einsatz dieser Methode in multikulturellen Gruppen, da die Tiere in unterschiedlichen Sprachen anders dargestellt werden, z.B. deutscher Hahn = kikeriki, englischer Hahn = cock-a-doodle-doo, d.h. die beiden werden ggfls. aneinander vorbeilaufen und sich nicht gleich erkennen

Bezugsquelle: Spielwarenhandel oder Kinderzimmer

Familienfindung

Ziel/Zweck: Gruppenfindung
Material: beschriftete Kärtchen
Vorbereitung / Vorfeld:
Kärtchen vorbereiten und mit möglichst ähnlich lautendem Familiennamen beschriften (siehe Kopiervorlage)
Vorbereitung / Seminartag:
Abzählen und Zurechtlegen der „Familienkarten"
Anzahl der TN: beliebig

Gruppierung: Plenum
Form: TN sitzen anfänglich, dann Herumlaufen, um andere Familienmitglieder zu finden
Dauer: abhängig von Anzahl der TN, 1-2 Min
MI: sprachlich-linguistisch, logisch-mathematisch, räumlich-visuell, körperlich-kinästhetisch, musikalisch-rhythmisch, naturalistisch, interpersonal

Beschreibung:

- TN sitzen im Kreis
- jeder erhält ein Kärtchen mit einem Familiennamen
- TN werden gebeten, ihre Karten niemandem sonst zu zeigen
- TN stehen auf und laufen herum, um dann so schnell wie möglich die anderen Familienmitglieder zu finden
- Auftrag: „Sie alle haben ein Kärtchen erhalten mit Ihrem Familiennamen. Wenn ich auf drei zähle, rufen Sie so laut, wie Sie können, diesen Namen, um die anderen Mitglieder Ihrer Familie zu finden. Die Familie, die als erstes als Familie zusammensteht, hat gewonnen …"

Kommentar:

- diese Übung ist kurz, setzt aber viel Energie frei
- der Gag der Übung besteht darin, dass die Familiennamen alle sehr ähnlich sind: Schreyer, Meyer, Kleyer, Dreyer, Seyer
- und in jeder Familie gibt es, je nach Anzahl der Spieler, einen Vater Meyer, eine Mutter Meyer, eine Tochter Meyer, einen Goldfisch Meyer …. Ihrer Phantasie sind keine Grenzen gesetzt
- Achtung: bei dieser Übung kann es kurzfristig sehr laut werden (denken Sie an die Kollegen in den Nachbarräumen) – Variante: alle Namen werden gehaucht
- sollten Sie Sorge haben, dass es zu laut wird, eine Variante für leise Gruppen: Es geht nicht darum, den Namen zu rufen, sondern Familienmitglieder mit der richtigen Schreibweise zu finden: Familie Maier, Familie Meier, Familie Mayer, Familie Meyer, Familie Mair, Familie Meir, Familie Mayr und Familie Meyr – diese Version kann sogar völlig ohne Sprechen durchgeführt werden

Kopiervorlage für beide Variationen finden Sie als kostenlose Downloaddatei auf der Verlagswebseite: www.schilling-verlag.de

Paar- und Gruppenfindungsübungen für …

Motorische / Kinästhetische Lerntypen

Der taktile (motorisch, haptisch, kinästhetisch) Lerntyp behält Bewegungen am besten im Gedächtnis. Er lernt am besten durch Begreifen, praktisches Tun und Ausprobieren, er muss beim Lernen immer in Bewegung sein. Dieser Lerntyp lernt besonders leicht, wenn er selbst etwas machen kann, z.B. Ausprobieren, aktives Gestalten, Gespräche mit anderen. Experimentieren und Herumprobieren sind seine Stärke. Er mag Lernstoff in Form von Fragen und Rätseln präsentiert bekommen (z.B. Ist es möglich, dass …?).

Diesem Lerntyp fällt es oft schwer, über einen längeren Zeitraum ruhig zu sitzen und konzentriert zu arbeiten. Der Motoriker muss sich bewegen, da die sonst in ihm aufkommende Unruhe nicht abfließen kann. Hilfreich für den motorischen Typ sind Kaugummi-Kauen und Herumgehen während des Lernens.

So erkennt man die Kinästhetischen Lerner …

… mögen „learning by doing" – erlebnisorientiertes, sofortiges Tun
… wollen den Stoff be-greifen
… haben ein gut ausgeprägtes Körper- / Muskelgedächtnis
… bewegen sich viel und gern
… mögen Brainstormings und Überraschungen
… brauchen Abwechslung, lieben Unterhaltung, wollen Spaß haben
… lieben alles, was seltsam und merkwürdig ist
… schätzen Beziehungen und suchen diese (vor allem zum Trainer)

Kinästhetische Lerner mögen …

… Gruppenarbeit, soziale Kontakte
… Wohlgefühl beim Lernen
… Stehen und Umhergehen beim Lernen
… Projektarbeit, Experimente
… Spaß beim Lernen
… Gestik, Gefühle, Bewegung zum Lernen
… usw.

Kinästhetische Sprachmuster:

- Ich muss mich ein wenig zurücknehmen.
- Komm, gib Deinem Herzen einen Stoß.
- Das hat ihn an der richtigen Stelle getroffen.
- Ganz cool bleiben.
- Es geht heiß her.
- Da könnte ich aus der Haut fahren.
- Ich hab die Nase voll.
- Du sollst nicht immer so nachgiebig sein.
- Das schmeckt ihm gar nicht.
- Da läuft es mir kalt den Rücken herunter.
- Das ist ganz nach meinem Geschmack.

Ariadnes Fäden

Ziel/Zweck: Paarfindung
Material: Wollfäden / Schnüre oder Ketten vom Weihnachtsschmuck (Perlenschnüre vom Meter)
Vorbereitung / Vorfeld: Ketten entsprechend lang zurechtschneiden
Vorbereitung / Seminartag: Abzählen und Zurechtlegen der Schnüre, d.h. halb so viele wie TN (d.h. 8 TN = 4 Schnüre)

Anzahl der TN: bis max 16/18
Gruppierung: Plenum
Form: TN sitzen anfänglich, kommen dann zur Mitte
Dauer: abhängig von Anzahl der TN, 2-3 Min
MI räumlich-visuell, körperlich-kinästhetisch, interpersonal

Beschreibung:

- TN sitzen im Kreis
- alle kommen zur Mitte und greifen ein Schnurende (Trainer hält die Schnüre in deren Mitte zusammen)
- Auftrag: „Nehmen Sie sich bitte ein Schnurende, wenn alle Enden besetzt sind, werde ich loslassen. Der TN am Ende Ihrer Schnur ist Ihr Partner für die nächste Aufgabe ..."

Kommentar:

- überraschenderweise verheddern sich Wollschnüre oder Kordel viel leichter als diese Weihnachtsbaumketten
- Tipp: im Januar kaufen, dann sind sie günstiger

Dank an Helga Pfetsch für diese wundervolle Idee sowie die Namensgebung.

Spielsteine

Ziel/Zweck: Paarfindung/Gruppenfindung
Material: Holzsteine
Vorbereitung / Vorfeld: Holzsteine einpacken
Vorbereitung / Seminartag: Abzählen und Zurechtlegen der Holzklötze
Anzahl der TN: beliebig
Gruppierung: Plenum

Form: TN sitzen anfänglich, dann Herumlaufen, um Partner zu finden
Dauer: abhängig von Anzahl der TN, 2-3 Min
MI: logisch-mathematisch, räumlich-visuell, körperlich-kinästhetisch, naturalistisch, interpersonal

Beschreibung:

- TN sitzen im Kreis
- jeder erhält einen Klotz
- TN stehen auf und laufen herum
- Auftrag: „Laufen Sie bitte im Raum herum und suchen die Menschen, deren Klötze die gleiche Farbe haben / die gleiche Form haben / das vorgegebene Gebäude ergeben usw. …"

Kommentar:

- eine vorher vereinbarte Struktur eines zu bauenden Gebäudes gibt dann z.B. die Reihenfolge an, in der die TN zu einer gewissen Impulsfrage Stellung nehmen

Bezugsquelle: Spielwarenhandel oder Kinderzimmer

Knöpfe (und Schrauben)

Ziel/Zweck: Paarfindung
Material: Knopfpaare
Vorbereitung / Vorfeld:
Knopfpaare einpacken
Vorbereitung / Seminartag:
Abzählen und Zurechtlegen der Knopfpaare
Anzahl der TN: beliebig

Gruppierung: Plenum
Form: TN sitzen anfänglich, dann Herumlaufen, um Partner zu finden
Dauer: abhängig von Anzahl der TN, 2-3 Min
MI: sprachlich-linguistisch, räumlich-visuell, körperlich-kinästhetisch, interpersonal, intrapersonal

Beschreibung:

- TN sitzen im Kreis
- jeder erhält einen Knopf
- TN stehen auf und laufen herum, um Partner zu finden
- Auftrag: „Laufen Sie bitte im Raum herum und suchen den Menschen, der den gleichen Knopf hat wie Sie …"

Kommentar:

- je nach Thema Ihres Seminares bietet es sich an, hier noch eine Geschichten-Erzähl-Übung vorauszuschicken
- paarweise (noch mit unterschiedlichen Knöpfen) sitzen die TN zusammen und phantasieren über die folgenden Fragen:
    1. An welchem Kleidungsstück war dieser Knopf?
    2. Wer war der Besitzer dieses Kleidungsstückes? Mann oder Frau? Beruf? Alter? Wohnort? Hobbies?
    3. Was ist passiert, dass dieser Knopf verloren gegangen ist?
    4. Wie wird es dem Besitzer jetzt wohl gehen?
- daran schließt sich die Paarfindungsübung an
- als Abschluss können die beiden Partner mit gleichem Knopf ihre Geschichten nochmals erzählen und vergleichen
- bei Gruppen mit hohem Männeranteil scheint die Akzeptanz von Knöpfen weniger hoch zu sein; hier empfiehlt es sich, in den Werkzeugkasten zu greifen und 2 Nägel, 2 Schrauben, 2 Dübel, usw. zu nutzen

Bezugsquelle: das eigene Knopfsäckchen und der Werkzeugkasten

Süßes

Ziel/Zweck: Paarfindung
Material: Süßigkeiten
Vorbereitung / Vorfeld: Süßigkeiten besorgen
Vorbereitung / Seminartag: Abzählen und Zurechtlegen der Süßigkeiten
Anzahl der TN: beliebig

Gruppierung: Plenum
Form: TN sitzen anfänglich, dann Herumlaufen, um Partner zu finden
Dauer: abhängig von Anzahl der TN, 2-3 Min
MI: sprachlich-linguistisch, räumlich-visuell, körperlich-kinästhetisch, naturalistisch, interpersonal

Beschreibung:

- TN sitzen im Kreis
- jeder erhält eine Süßigkeit (oder diese lag bereits zur Begrüßung auf dem Stuhl)
- TN stehen auf und laufen herum, um ihren Partner zu finden
- Auftrag: „Laufen Sie bitte im Raum herum und suchen die Menschen, die die gleiche Schokolade auf ihren Stühlen hatten wie Sie …"

Kommentar:

- viele TN empfinden es als kleines Willkommensgeschenk, wenn sie beim Ankommen zur ersten Seminarstunde eine Süßigkeit auf ihrem Stuhl vorfinden
- die Überraschung ist groß, wenn diese Süßigkeit dann sogar als Paar- oder Gruppenfindungsübung eingesetzt wird
- geht auch gut mit Gummibärchen oder den Buchstaben von „Russisch Brot"
- „Give them chocolate, and they'll do anything for you." (Okerika)

Bezugsquelle: manchmal bekommt man solche Leckereien geschenkt, hat aber Sorge vor der Umwandlung in persönliches Hüftgold … somit eine gute Investition in die Kursteilnehmenden

Bewegungsmemory

Ziel/Zweck: Paarfindung
Material: Memorykärtchen
Vorbereitung / Vorfeld:
Memorykärtchen einpacken
Vorbereitung / Seminartag:
Abzählen und Zurechtlegen der Bildpaare
Anzahl der TN: beliebig

Gruppierung: Plenum
Form: TN sitzen anfänglich, dann Herumlaufen, um Partner zu finden
Dauer: abhängig von Anzahl der TN, 1-2 Min
MI: räumlich-visuell, körperlich-kinästhetisch, musikalisch-rhythmisch, naturalistisch, interpersonal

Beschreibung:

- TN sitzen im Kreis
- jeder erhält ein Kärtchen
- TN stehen auf und laufen herum, um Partner zu finden
- Auftrag: „Laufen Sie bitte im Raum herum und machen die typische Bewegung für das Tier auf Ihrer Karte. Suchen Sie doch dabei bitte den Menschen hier im Raum, der genau die gleiche Bewegung wie Sie macht …"

Kommentar:

- um diese Übung noch energievoller zu gestalten, können Sie die Kärtchen austeilen, dann die TN bitten aufzustehen und zu einer schwungvollen Musik im Raum herumzulaufen, um dabei die Kärtchen immer wieder auszutauschen
- erst wenn die Musik stoppt, gilt es, den Partner mit der gleichen Bewegung zu finden
- Variante: Bilder mit Verkehrsmitteln (Zug, Flugzeug, Auto, Droschke, …)

Bezugsquelle: Spielwarenhandel oder Kinderzimmer

Fühlsäckchen

Ziel/Zweck: Paarfindung / Gruppenfindung
Material: gefüllte Fühlsäckchen
Vorbereitung / Vorfeld: Fühlsäckchen einpacken
Vorbereitung / Seminartag: Abzählen und Zurechtlegen der Fühlsäckchen
Anzahl der TN: beliebig

Gruppierung: Plenum
Form: TN sitzen anfänglich, dann Herumlaufen, um Partner zu finden
Dauer: abhängig von Anzahl der TN, 2-3 Min
MI: sprachlich-linguistisch, räumlich-visuell, körperlich-kinästhetisch, naturalistisch, interpersonal

Beschreibung:

- TN sitzen im Kreis
- jeder erhält ein gefülltes Fühlsäckchen
- TN stehen auf und laufen herum, um Partner zu finden
- Auftrag: „Laufen Sie bitte im Raum herum und finden den Menschen, dessen Fühlsäckchen sich nach gleichem Inhalt wie das Ihre anfühlt …"

Kommentar:

- als Fühlsäckchen eignen sich besonders gut kleine Adventskalender aus Stoff
- die Säckchen lassen sich dann mit unterschiedlichen Inhalten gut füllen (z.B. Schrauben, Münzen, Sand, Reis, Getreide, …)

Bezugsquelle: Warenhäuser in der Vorweihnachtszeit oder selber anfertigen

Knautschis

Ziel/Zweck: Paarfindung / Gruppenfindung

Material: Knautschi-Bälle in unterschiedlichen Farben oder mit unterschiedlichen Gesichtern

Vorbereitung / Vorfeld: Bälle einpacken

Vorbereitung / Seminartag: Abzählen und Zurechtlegen der Ballpaare

Anzahl der TN: beliebig

Gruppierung: Plenum

Form: TN stehen im Kreis

Dauer: abhängig von Anzahl der TN, 3-4 Min – je nach Spaßfaktor

MI: räumlich-visuell, körperlich-kinästhetisch, musikalisch-rhythmisch, naturalistisch, interpersonal

Beschreibung:

- TN stehen im Kreis
- jeder erhält einen Knautschi-Ball
- TN tauschen die Bälle durch Zuwerfen, vorher Blickkontakt aufnehmen
- Auftrag: „Ich frage mich, wie es Euch gelingen kann, zwar an Eurem Platz stehenzubleiben, aber gleichzeitig die Bälle mit den Menschen, die Euch gegenüberstehen, durch geschicktes Zuwerfen zu tauschen, ohne dass die Bälle auf den Boden fallen …"

Kommentar:

- die Übung setzt viel Energie frei
- beim Ertönen eines vereinbarten Geräusches (z.B. Klangschale) halten alle ihre Bälle fest und finden sich zu gleichfarbigen Gruppen zusammen
- der nächste Arbeitsauftrag wird erteilt und in den gerade gebildeten Gruppen bearbeitet

_____

Bezugsquelle: Spielwarenhandel, hier: Pappnase

Fingergesichter

Ziel/Zweck: Paarfindung / Gruppenfindung
Material: Fingergesichter in unterschiedlichen Farben
Vorbereitung / Vorfeld: Fingergesichter mitnehmen
Vorbereitung / Seminartag: Abzählen und Zurechtlegen der Fingergesichter

Anzahl der TN: beliebig
Gruppierung: Plenum
Form: TN stehen im Kreis
Dauer: abhängig von Anzahl der TN, 2-3 Min – je nach Spaßfaktor
MI: sprachlich-linguistisch, räumlich-visuell, körperlich-kinästhetisch, musikalisch-rhythmisch, naturalistisch, interpersonal, intrapersonal

Beschreibung:
- TN stehen im Kreis
- jeder erhält ein Fingergesicht
- Auftrag: „Die Menschen, die sich von der gleichen Farbe eines Fingergesichtes angezogen gefühlt haben, sind Ihre Partner. Es finden sich nun also alle roten, alle blauen, usw. Gesichter in einer Kleingruppe zusammen. Wenn Sie sich gefunden haben, nehmen Sie bitte zusammen Platz…"

Kommentar:

- Möglichkeit des Einsatzes: Feedback zu einer bestimmten Übung / Feedback am Schluss (Fingergesicht erzählt, wie es dem Menschen am Ende des Fingers so geht, usw.)
- indem die TN quasi durch die Fingergesichter sprechen, ist es für manche TN leichter, eine ehrliche und aufrichtige Meinung von sich zu geben
- oft entwickeln Erwachsene eine so große Affinität zu den Fingergesichtern, dass sie sie gar nicht mehr zurückgeben wollen (TN hängen die Fingergesichter oft an die Brille oder ins Knopfloch)
- da diese Fingergesichter nur ein paar Cent-Beträge kosten, stellen sie auch schöne „Teilnehmergeschenke" dar und verankern so das Seminar im Alltag

Bezugsquelle: hier Pappnase

Obstsalat

Ziel/Zweck: Paarfindung / Gruppenfindung
Material: unterschiedliches Obst (hier Plastik)
Vorbereitung / Vorfeld:
Obst mitnehmen
Vorbereitung / Seminartag:
Abzählen und Zurechtlegen des Obstes

Anzahl der TN: beliebig
Gruppierung: Plenum
Form: TN stehen im Kreis
Dauer: abhängig von Anzahl der TN, 2-3 Min – je nach Spaßfaktor
MI: sprachlich-linguistisch, logisch-mathematisch, räumlich-visuell, körperlich-kinästhetisch, musikalisch-rhythmisch, naturalistisch, interpersonal

Beschreibung:

- TN stehen im Kreis
- jeder erhält eine Frucht
- Auftrag: „Die Menschen, die sich für das gleiche Obst entschieden haben, sind Ihre Partner. Es finden sich nun also alle Bananen, alle Birnen, usw. in einer Kleingruppe zusammen. Wenn Sie sich gefunden haben, nehmen Sie bitte zusammen Platz..."

Kommentar:

- sollten sich zwei nebeneinander sitzende TN (die Sie eigentlich trennen wollten) für das gleiche Obst entschieden haben, können Sie, ohne dass es die TN merken, zu einem neuen Ordnungssystem greifen und die TN bitten, sich als Obstkorb zu formieren, d.h. in der Gruppe kommt jedes Obst nur einmal vor

---

Bezugsquelle: Geschäfte mit Dekomaterial

Holzblöcke

Ziel/Zweck: Paarfindung / Gruppenfindung
Material: Holzblöcke
Vorbereitung / Vorfeld: Holzblöcke mitnehmen
Vorbereitung / Seminartag: Abzählen und Zurechtlegen der Holzblockpaare
Anzahl der TN: beliebig

Gruppierung: Plenum
Form: TN stehen im Kreis
Dauer: abhängig von Anzahl der TN, 2-3 Min – je nach Spaßfaktor
MI: logisch-mathematisch, räumlich-visuell, körperlich-kinästhetisch, naturalistisch, interpersonal

Beschreibung:

- TN stehen im Kreis
- jeder erhält eine Holzstück
- Auftrag: „Gehen Sie doch bitte auf einen Mitmenschen zu und probieren einmal, ob sich der Partner „gut anfühlt". Das gelingt am besten, wenn Sie die Holzteile aneinander halten … Ihr Gefühl wird Ihnen ganz klar sagen, was passt. Und vielleicht gelingt es Ihnen, Ihren Augen nicht wirklich zu trauen. …"

Kommentar:

- TN sind hier oft ein wenig verwirrt und scheinen sich eher auf ihre Augen verlassen zu wollen
- erst durch das wirkliche Aneinanderhalten der Holzblöcke finden die TN heraus, welche Blöcke sich als Paare zusammenfinden
- gerne kommt dann nochmals der unglaubhafte Blick, dass es wirklich zu passen scheint, obgleich die Augen dies gar nicht zugelassen hätten

Bezugsquelle unbekannt

Inszenarien ohne Einsatz von Materialien

Das Leben will gelernt sein, das Lernen will gelebt sein.

© Manfred Hinrich, (*1926), Dr. phil.,
deutscher Philosoph, Lehrer, Journalist, Kinderliederautor, Aphoristiker und Schriftsteller

Der Raum, der hat vier Ecken

Ziel/Zweck: Gruppenfindung
Material: keines
Vorbereitung / Vorfeld:
Kategorien überlegen, die einen Bezug zum Seminarthema haben (was aber nicht notwendigerweise der Fall sein muss)
Vorbereitung / Seminartag: keine
Anzahl der TN: beliebig

Gruppierung: Plenum
Form: TN sitzen anfänglich, dann Herumlaufen, um sich den Ecken zuzuordnen
Dauer: abhängig von Anzahl der TN, 1-2 Min
MI: sprachlich-linguistisch, logisch-mathematisch, räumlich-visuell, körperlich-kinästhetisch, naturalistisch, interpersonal, intrapersonal

Beschreibung:

- TN sitzen im Kreis oder stehen bereits
- Trainer weist den vier Ecken des Raumes nun eine Eigenschaft / Namen / Attribut / etc. zu
- TN entscheiden sich dann für eine der vier Ecken entsprechend der persönlichen Präferenz und gehen dorthin
- dort kommt es dann zu einem Austausch …
  - entweder: warum ist dies meine Wahl?
  - oder: Impulsfrage mit direktem Bezug zum Thema
- „Sicher haben Sie eine Lieblingsjahreszeit. Welche ist das? Das Frühjahr (Trainer deutet in die 1. Ecke), der Sommer (Trainer deutet in die 2. Ecke), der Herbst (Trainer deutet in die 3 Ecke) oder den Winter (Trainer deutet in die 4. Ecke)? Gehen Sie bitte in Ihre entsprechende Ecke." (Sollten sich zu viele TN für eine Ecke entschieden haben, wendet sich der Trainer an die entsprechenden TN dieser Ecke mit der Frage: „Hat jemand vielleicht noch eine zweite Lieblingsjahreszeit?" In aller Regel finden sich dann einige TN, die sich einer neuen Ecke zuordnen.)
- Weitere Beispiele:
- „Es ist kurz vor Weihnachten. Es gibt kaum mehr Schokolade auf dem Markt, im Grunde sind nur noch 4 Sorten vorhanden. Vollmilch (Trainer deutet in 1. Ecke) – Marzipan (Trainer deutet in 2. Ecke) – Noisette (Trainer deutet in 3. Ecke) und Zartbitter (Trainer deutet in 4. Ecke). Gehen Sie doch mal bitte in die Ecke, in der Sie Schokolade kaufen würden."
- Wo würden Sie am liebsten wohnen? Großstadt – Kleinstadt – Dorf – Einsiedlerhof
- Bei welcher Feier fühlen Sie sich am wohlsten? Weihnachten – Geburtstag – Fasching – Halloween

- Bei welchem Begriff schwingt es bei Ihnen am meisten? Ich kann – Ich will – Ich möchte – Ich muss
- Wie informieren Sie sich am liebsten? Tagesthemen – Morgenmagazin ARD ZDF – RTL-aktuell – heute-journal
- Was setzt die meisten Erinnerungen frei? Eile mit Weile – Zeit ist Geld – Kommt Zeit, kommt Rat – Morgenstund hat Gold im Mund
- Wo fühlen Sie den meisten Stress? Sei perfekt – Mach es allen recht – Sei pünktlich – Beeil Dich – Sei stark
- Welcher Buchstabe hat die größte Anziehungskraft für Sie? W – X – Y – Z
- Wenn es möglich wäre, mit welchem Schauspieler würden Sie gerne mal zu Abend essen (oder Politiker, oder Sportler)? Heinz Rühmann – Willy Millowitsch – Heinz Ehrhard – Theo Lingen
- Es läuft Sport im Fernsehen – wo schalten Sie ein? Fußball – Skifahren – Leichtathletik – Boxen
- Ihre Firma bietet Sprachkurse an, die verpflichtend sind. Welche Sprache wählen Sie? Englisch – Französisch – Latein – Spanisch
- Sie haben Hunger … in der Gegend gibt es vier Restaurants? Wo geht es heute hin? deutsche Küche – türkische Küche – italienische Küche – asiatische Küche
- Wie reisen Sie am liebsten in den Urlaub? Flugzeug – Bahn – Auto – Fahrrad oder Motorrad
- Was gibt es bei Ihnen zu Neujahr oder Weihnachten? Raclette – Fondue – Kartoffelsalat mit Würstchen – Fisch
- Wo verbringen Sie Ihre Mittagspause? Kantine – Restaurant – spazieren gehen – Büroküche mit Mikrowelle
- Welcher Film begeistert Sie? Harry Potter – Lord of the Rings – Der kleine Hobbit
- Gibt es Kindheitserinnerungen? Schneewittchen – Rapunzel – Goldmarie und Pechmarie – Hänsel und Gretel
- Wo schalten Sie am ehesten weg? DSDS – The Voice – X-Faktor – Dschungelcamp
- Wofür könnten Sie Ihre Kinder oder Kinder in Ihrer Familie begeistern? Ice Age – Madagaskar – Nemo – Dschungelbuch

Kommentar:

- spannend ist es, Ecken zu definieren, die evtl. sogar schon eine Hinführung zum Thema sind
- auch wenn sich TN noch nicht kennen, fühlen sie sich durch die „gemeinsame Ecke" gleich ein Stück weit verbunden und kommen so erfahrungsgemäß leichter ins Gespräch

Chronologische Aufstellung

Ziel/Zweck: Partnerfindung / Gruppenfindung
Material: keines
Vorbereitung / Vorfeld: keine
Vorbereitung / Seminartag: Vorbereitung des Raumes
Anzahl der TN: beliebig
Gruppierung: Plenum

Form: TN sitzen anfänglich, bewegen sich dann im Raum, um sich in einer chronologischen Aufstellung zu positionieren
Dauer: abhängig von Anzahl der TN, 2-3 Min
MI: sprachlich-linguistisch, logisch-mathematisch, räumlich-visuell, körperlich-kinästhetisch, interpersonal, intrapersonal

Beschreibung:

- TN sitzen im Kreis
- Trainer erklärt die Übung
- Auftrag: „Ich möchte uns gerne für 2 Minuten in Bewegung bringen, zu diesem Zwecke darf ich Sie bitten, einmal aufzustehen. Stellen Sie sich doch bitte nach folgendem Kriterium in chronologischer Reihenfolge auf, wobei hier der niedrigste Wert ist (Trainer deutet auf den Anfang des Halbkreises) und hier der höchste (Trainer deutet auf das Ende des Halbkreises) …"
- TN laufen los und sortieren sich entsprechend

- Beispiele: alphabetische Reihenfolge des Vornamens // alphabetische Reihenfolge des Vornamens der Mutter (wenn sich die TN bereits kennen) // Geburtstage (also Tag und Monat) (es hat sich als günstig erwiesen, Alter und Gewicht nicht als Ordnungskriterien zu verwenden) // Kilometer zwischen Wohnort und Unterrichtsort // Schuhgröße oder Absatzhöhe // PS des eigenen Wagens // Hausnummer // die letzten 2 oder 3 Ziffern der Telefonnummer // wie viele Jahre jemand als Trainer tätig ist (z.B. bei Fortbildungen mit Trainern) // kcal des Frühstücks am Seminartag (haben 2 Scheiben Knäckebrot mit Frischkäse mehr oder wenig kcal als 1 Scheibe Vollkornbrot mit Honig?) N.B. bei einer Fortbildung mit Kollegen ergatterte sich ein TN mit einer Tasse schwarzen Kaffees und einer Aspirin die niedrigste Kcal-Zahl // usw.

Kommentar:

- wenn sich die TN dann entsprechend des vorgegebenen Kriteriums in einer chronologischen Reihenfolge aufgestellt haben, hat es sich als gut erwiesen, alle ihren „Wert" kurz nennen zu lassen, um die Reihenfolge so zu überprüfen und ggfls. umzustellen
- dann können Sie als Trainer eine Einteilung in Paare oder Gruppen vornehmen, indem Sie auf der einen Seite beginnend, immer die nebeneinanderstehenden TN zu Paaren / Gruppen zusammenfassen und ihnen den neuen Arbeitsauftrag nennen
- das Kriterium der Anordnung braucht nicht zwangsläufig etwas mit dem Seminarthema zu tun zu haben ... wichtig ist nur, dass eine neue Reihenfolge entsteht und TN somit zufällig einander als Paare oder Gruppenpartner zugespielt werden
- Hinweis: Im Fremdsprachenunterricht lassen sich hier grundlegende Dinge (Zahlen, Alphabet) wiederholen und festigen.

Händeschüttler

Ziel/Zweck: Paarfindung / Gruppenfindung
Material: keines / evtl. Musik
Vorbereitung / Vorfeld:
Überlegung, wie viele Gruppen sich in welcher Größe finden sollen
Vorbereitung / Seminartag:
evtl. Musik einlegen
Anzahl der TN: beliebig

Gruppierung: Plenum
Form: TN sitzen anfänglich, dann Herumlaufen, um einander die Hände zu schütteln
Dauer: abhängig von Anzahl der TN, 3-4 Min
MI: logisch-mathematisch, räumlich-visuell, körperlich-kinästhetisch, musikalisch-rhythmisch, interpersonal, intrapersonal

Beschreibung:

- TN sitzen im Kreis
- Trainer erklärt die Idee der Übung, dann stehen TN auf und laufen herum, um einander die Hände zu schütteln
- Auftrag: „Sie haben sicher schon einmal festgestellt, dass Menschen auf ganz unterschiedliche Art und Weise einander die Hände schütteln. Da gibt es die Einmal-Schüttler (demonstriert mit einem TN), dann gibt es auch die Zweimal-Schüttler (demonstriert mit einem TN), oft trifft man auch Dreimal-Schüttler (demonstriert mit einem TN). Ganz besonders energievoll sind die Mehrmals-Schüttler und Handumfasser (demonstriert mit einem TN). Entscheiden Sie doch bitte mal ganz spontan, welche Art des Händeschüttelns Ihnen am sympathischsten ist. Wenn Sie sich festgelegt haben, stehen Sie auf, gehen Sie auf viele andere Menschen zu und finden sich gruppenweise mit den Menschen zusammen, die sich für die gleiche Schüttelfrequenz entschieden haben.
- Gleichzeitig wäre es spannend zu sehen, wie die Übung verläuft, wenn wir das alles non-verbal, also ohne Sprechen, tun ... gelacht werden darf natürlich. Und los geht's."

Kommentar:

- schöne energievolle Übung, damit Menschen auch einen ersten körperlichen Eindruck voneinander bekommen

Dank an meinen Trainer Stefan Rude für diesen witzigen Einfall und die Namensgebung.

Moleküle

Ziel/Zweck: Partnerfindung / Gruppenfindung
Material: Musik
Vorbereitung / Vorfeld: keine
Vorbereitung / Seminartag: Vorbereitung des Raumes, CD bereit legen
Anzahl der TN: beliebig, günstig sind 12 TN

Gruppierung: Plenum
Form: TN sitzen anfänglich, dann Herumlaufen, um Gruppen zu formen
Dauer: abhängig von Anzahl der TN, 2-3 Min
MI: logisch-mathematisch, räumlich-visuell, körperlich-kinästhetisch, musikalisch-rhythmisch, interpersonal

Beschreibung:

- TN sitzen im Kreis
- Trainer erklärt die Übung
- Auftrag: „Ich möchte uns gerne für 2 Minuten in Bewegung bringen, zu diesem Zwecke darf ich Sie bitten, einmal aufzustehen. Gleich werde ich eine fetzige Musik spielen, Sie sind quasi Atome, die sich frei im Raum bewegen. Irgendwann wird die Musik plötzlich stoppen, ich werde eine Zahl rufen, und Ihre Aufgabe ist es, sich blitzschnell zu Molekülen mit der entsprechenden Atomzahl zusammenzufinden. Wenn ich also 3 rufe, bilden Sie blitzschnell Dreiergruppen. Lassen Sie uns also einmal in die Physik eintauchen …"
- TN laufen los und sortieren sich entsprechend

Kommentar:

- 12 hat sich hier als ideale TN-Zahl erwiesen, da Sie 2-er, 3-er, 4-er und 6-er Gruppen bilden können, die dann jeweils einen Arbeitsauftrag bekommen
- als zusätzliche Schwierigkeit können Sie die Zahlen quasi in Quizaufgaben verpacken:
    1. Wie viele Musketiere gab es? (3)
    2. Wie viele Jahreszeiten gibt es? (4)
    3. Wie viele Finger hat eine Hand? (5)
    4. Wie viele Seiten hat ein Würfel? (6)
    5. Bei wem war Schneewittchen zu Gast? (7)
    6. …

Skalierung

Ziel/Zweck: Paarfindung / Gruppenfindung
Material: entsprechend langes Seil (möglich auch mit Tesakrepp oder mit Moderationskarten definierte Punkte)
Vorbereitung / Vorfeld: Impulsfragen überlegen
Vorbereitung / Seminartag: Platz für Aufstellung schaffen
Anzahl der TN: beliebig (gut: 6 bis 12)

Gruppierung: Plenum
Form: TN sitzen anfänglich, dann beziehen sie ihren „Standpunkt"
Dauer: abhängig von Anzahl der TN, 2-4 Min für Aufstellung + Zeit für Auswertung und Besprechen
MI: sprachlich-linguistisch, logisch-mathematisch, räumlich-visuell, körperlich-kinästhetisch, interpersonal, intrapersonal

Beschreibung:

- TN sitzen im Kreis oder stehen im Raum
- Trainer legt ein Seil (oder Tesakreppstreifen oder Moderationskarten) im Halbkreis aus und erklärt das Szenarium
- Auftrag: „Ich möchte Ihnen die Möglichkeit geben, einmal einen Standpunkt der anderen Art zu beziehen. Die Impulsfrage für diese Runde lautet „......". Stellen Sie sich vor, dieser Halbkreis stellt eine Skala von 0 (Trainer deutet auf das eine Ende hin) bis 10 (Trainer deutet auf das andere Ende hin), wobei 10 der höchste Grad der Zustimmung ist. Überlegen Sie bitte einmal kurz, bei welchem Wert Sie Ihren Standpunkt beziehen würden, und stellen Sie sich bitte dorthin."
- alle TN des Seminars beziehen „Stellung"; sobald alle ihren „Standpunkt" gefunden haben, bittet der Trainer die jeweils nebeneinanderstehenden Paare, sich zum Thema auszutauschen, z.B. Warum stehen Sie da, wo Sie stehen?
- Oder: (Plenum) Können Sie Ihren Standpunkt bitte einmal in der Gruppe kurz erklären?
- Oder: Was konkret müsste passieren, damit Sie Ihren Standpunkt 1 Punkt höher oder tiefer wählen?
- Beispiele Mitarbeiter: Wie gut fühlen Sie sich von Ihrem Vorgesetzten informiert? Was genau müsste passieren, damit Sie 1 Punkt höher rücken können, d.h. sich besser informiert fühlen?
- Wie hoch ist Ihre gegenwärtige Arbeitsbelastung / Ihr Stress-Level? Was genau müsste passieren, damit Sie 1 Punkt niedriger rücken können? Was genau könnte Sie entlasten?

- Beispiel Ehepaare: Wie zufrieden bist Du mit Deinem Leben im Moment? Was müsste passieren, damit Du einen Punkt nach oben rückst, also noch zufriedener werden könntest?
- Beispiel SchülerInnen: Wie gut lernst Du in der Schule? Was / Wer / Welche Technik könnte Dir helfen, noch besser zu lernen?

Kommentar:

- das körperliche „Standpunkt-Beziehen" ist vor allem für kinästhetische Lerner sehr spannend
- die Frage nach Einschätzung / Empfinden / etc. wird somit greifbarer und für viele Lerner einfacher in der Vorstellung
- die Frage nach einem höheren oder niedrigeren Wert löst oft konkrete Gedanken aus, die dann in einem Maßnahmenkatalog Eingang finden könnten

Dank an meinen Trainer und Kollegen Tobias Voss für diese schöne Variante.

Kugellager

Ziel/Zweck: Partnerfindung / Gruppenfindung
Material: keines
Vorbereitung / Vorfeld: Impulsfragen überlegen
Vorbereitung / Seminartag: Platz für Aufstellung schaffen
Anzahl der TN: beliebig (gut: 6 bis 12), günstig gerade TNZahl

Gruppierung: Plenum
Form: stehen in zwei Kreisen (Innen- und Außenkreis)
Dauer: abhängig von Anzahl der TN, 2-4 Min für Aufstellung + Zeit für Auswertung und Besprechen
MI: sprachlich-linguistisch, logisch-mathematisch, räumlich-visuell, körperlich-kinästhetisch, musikalisch-rhythmisch, interpersonal

Beschreibung:

- TN stehen in einem großen Kreis
- Trainer bittet jeden zweiten TN, zwei Schritte zur Mitte zu gehen, so entstehen 2 Kreise, ein Außenkreis und ein kleinerer Innenkreis
- Auftrag: „Ich möchte Sie bitten, sich im Takt der Musik, im Kreis zu bewegen; hierbei geht der Außenkreis im Uhrzeigersinn, der Innenkreis gegen den Uhrzeigersinn. Wenn die Musik stoppt, drehen sich bitte die TN des Innenkreises nach außen und stehen im Idealfall einem TN des Außenkreises gegenüber. Dieser Mensch ist Ihr Gesprächspartner für die erste Impulsfrage, die ich Ihnen dann geben werde. Und los geht's …."

Kommentar:

- dieses Ritual können Sie mehrmals durchführen, denkbar ist allerdings auch, dass nach der ersten Gesprächsrunde der Innenkreis (oder Außenkreis) eine Station weiterrutscht und somit jeder einen neuen Gesprächspartner bekommt
- als Trainer geben Sie dann die jeweiligen zum Thema passenden Impulsfragen in die Gruppe

Transfer in Ihre Themen

> Ich sehe überhaupt, daß es zunächst nichts als Lernen, Lernen und wieder Lernen gibt. Daraus ergibt sich alles weitere von selbst.
>
> Christian Morgenstern, (1871 - 1914), deutscher Schriftsteller, Dramaturg, Journalist und Übersetzer

Transfer in Ihre Themen

Neben all diesen kreativen Ideen ist es natürlich auch besonders spannend, solche Inszenarien mit direktem Bezug auf das eigene Thema zu finden. Um diesen Transfer anzustoßen, möchte ich Ihnen ein paar Gedanken mit auf den Weg geben und bin überzeugt, dass Sie dies als Inspiration nutzen werden, eigene Aktivitäten zur Paar- und Gruppenfindung zu kreieren ... mal mit oder auch ohne Material, mal einfach so und dann wieder unter Berücksichtigung der unterschiedlichen Lern- und Wahrnehmungstypen.

In vielen Bereichen können Sie Begriffe und Definitionen einander zuordnen lassen.

Hier einige Beispiele:

Immobilienbereich: occupancy rate // the percentage of property that is occupied or rented

Medizinbereich: Tonsilitis // Mandelentzündung oder Medikament // Wirkstoff (Ibudolor = Ibuprofen)

Rechtsprechung: Tötungsdelikt // Mord, Totschlag, vorsätzliche Tötung

Arbeiten Sie im Kosmetikbereich, wäre es vielleicht passend, anstatt der Hördöschen vielleicht sogar Duftdöschen herzustellen mit unterschiedlichen Duftnuancen, die dann einander zugeordnet werden sollen.

Im Automobilbereich lässt sich gut eine Übung unter Verwendung bestimmter Ersatzteile organisieren.

Im Deutschunterricht könnten Sie Sätze so auseinander schneiden, dass Haupt- und Nebensatz zugeordnet werden müssen. Aufgrund veränderter Sinnhaftigkeit oder Wortstellung wird es nur eine eindeutige Zuordnung geben.

Im Fremdsprachenunterricht lassen sich Verbformen (Infinitiv und Partizip) zuordnen, unregelmäßige Plurale (tooth – teeth) bieten sich an oder auch Steigerungsformen (bad – worse – worst).

Für Kurse im Bereich Landeskunde lassen sich Übungen gestalten, indem sich Bundesland und Hauptstadt entsprechend finden. Schöne Anschlussübung: Wo finden sich Land und Stadt auf der Deutschlandkarte?

Für Erdkundeklassen könnte man sich gut eine Zuordnungsübung von Flaggen und Ländern vorstellen. Ergänzend dann für Gruppenfindung noch die Hauptstadt des jeweiligen Landes. Anschließend erfolgt ein gemeinsamer Blick auf die Landkarte.

Zur Wiederholung verschiedener Formeln im Mathematikunterricht können Sie die

Begrifflichkeit und die jeweilige Formel zuordnen lassen, z.B. Erste Binomische Formel // $(a + b)^2$.

Im Chemieunterricht finden sich Elemente der gleichen Elementgruppe zusammen.

Im Kunstunterrichtet bietet sich eine Übung an, indem die Lerner Gemälde und ihre Maler zuordnen. Als drittes Element vielleicht sogar noch die Epoche dazu, in der das Bild entstanden ist. Beispiel: Van Gogh – Sonnenblumen – Post-Impressionismus.

Im Musikunterricht wäre eine Zuordnung von Komponisten und einem Werk denkbar, z.B. Verdi // Aida.

Im Kommunikationstraining finden sich die vier „Ohren" zusammen, mit der eine Nachricht gehört werden kann: Sachebene, Appellseite, Beziehungsseite, Selbstkundgabe.

In Seminaren, in denen es um gruppendynamische Prozesse geht, bieten sich die Phasen des Tuckmann'schen Modells an: Norming, Forming, Performing, Storming und Adjourning.

Sie sehen, Ihrer persönlichen Phantasie in Bezug auf Ihr Thema sind keinerlei Grenzen gesetzt.

Haben Sie Mut beim Ausprobieren und Umsetzen ... ich bin mir sicher, Ihre Teilnehmenden werden begeistert bei der Sache sein.

Danke an meine liebe Kollegin Roswitha Sanders für den Gedanken an Transferideen.

Einwände, Kritik, Ängste

- „Mit meinen TN geht so etwas nicht ... denn die finden dies sicherlich kindisch."
- „In meinem Raum habe ich den Platz nicht für solche ‚Spielereien'."
- „Was sollen denn die KollegInnen in den Nachbarräumen denken, wenn bei mir so viel gelacht wird."

Gelegentlich werde ich in meinen Fortbildungsseminaren auch mit kritischen Stimmen konfrontiert, die Bedenken zu allen möglichen kreativen Ansätzen äußern. Nun, Bedenken sind prinzipiell ein guter Zustand und warnen uns vor allzu überschnellen Entscheidungen und Handlungen. Doch will ich gerne versuchen, Ihre Bedenken mit ein paar Argumenten zu entkräften. Wenn Kollegen sagen, dass ihre TN solche Übungen nicht mögen, frage ich mich, woher sie das wissen. Mir ist es noch nie passiert, dass ein TN eine der in diesem Buch aufgeführten Übungen als kindisch oder albern abgetan hätte. Im Gegenteil, oftmals sind die Rückmeldungen wertschätzend und absolut positiv. Prinzipiell ist es wichtig, den TN zu vermitteln, dass eine solche Partnerfindungsübung lediglich Mittel zum Zweck ist: Mit dem gefundenen Partner geht es sofort im Lehrbuch, Gespräch oder mit einem zum Thema passenden Arbeitsblatt weiter. Die kleine zeitliche Investition von wenigen Minuten hat einen durchaus belebenden Charakter, lässt die TN den Raum von neuen Seiten erleben und fordert sie, sich auf einen neuen „Arbeitspartner" einzulassen. Wenn Sie bisher keinerlei der beschriebenen Übungen verwendet haben, aber irgendwie das Gefühl nicht loswerden, dass das doch ganz spannend für den Unterricht sein könnte, möchte ich Sie ermutigen, einen Anfang zu machen. Wählen Sie Material oder eine Idee, bei der Sie eine hohe Akzeptanz bei Ihren TN erwarten. Vermutlich wäre es eine Überforderung für eine solche „unerfahrene" Gruppe, wenn Sie von ihnen verlangten, als Tiere mit dem entsprechenden Geräusch durch den Raum zu springen, um so den Partner zu finden (Sie werden überrascht sein, auch das geht und macht einen höllischen Spaß). Wählen Sie eine niedrigschwellige Übung und beobachten Sie Ihre TN. Erklären Sie kurz, warum es Ihnen wichtig ist, dass der nächste Arbeitsschritt mit einem neuen Partner bearbeitet werden soll (N.B. vor allem visuelle TN wollen „einsehen", warum sie etwas machen sollen), und alleine durch diese kurze Erklärung werden Ihre TN sehr schnell das Gefühl bekommen, dass bei Ihnen im Unterricht und Seminar nichts dem Zufall überlassen, sondern genau geplant und durchdacht ist.

Desweiteren ist es wichtig, dass Sie selbst sich bei der Übung wohl fühlen. Von Ihnen geht als Kursleiter und Trainer sehr viel Energie und Überzeugungskraft aus. Wenn Ihnen klar ist, warum Sie diese Übung an dieser Stelle im Prozess mit dieser Gruppe machen wollen, werden Sie kohärent und stringent wirken und Ihre TN mitreißen können. Seien Sie also ein wenig mutig und machen Sie einen Anfang. Solche Partner- und Gruppenfindungsübungen gehen durchaus auch einmal mit Lachen oder lautem Reden einher … sagen wir, 2 bis 3 Minuten lang … dann tauchen Ihre TN wieder in eine konzentrierte Arbeitsphase ein. Nun kann es schon sein, dass Kollegen in den Nachbarräumen die Ohren spitzen und auch den ein oder anderen Kommentar fallen lassen.

Auch mir ist es passiert, dass Kollegen den Kopf in meinen Seminarraum gesteckt haben, eine belustigte und gut gelaunte Gruppe in einem sorgsam gestalteten Raum entdecken und dies mit Kommentaren wie „…wird aber wieder gelacht…" oder „…Kindergarten…!" kommentieren. Ich versichere Ihnen, auch mich trifft das manchmal empfindlich, weiß ich doch, dass in meinem Raum konzentriert und ernsthaft gearbeitet wird. Aber seltsamerweise geht das effektiver, wenn die Teilnehmer Spaß und Freude beim Lernen haben, ganz gleich um welches Thema es sich handelt. Die Reaktion meiner TN gibt mir Recht und bestärkt mich immer wieder von Neuem, und der Fairness halber muss ich auch sagen, dass es ebenso viele Kollegen oder Menschen gibt, die den Kopf hereinstecken und sagen: „Wow, hier würde ich auch gerne lernen!"

Vermutlich ist das sogar die Mehrheit. Fazit: Schauen Sie, wie es Ihren TN mit Ihren Ideen geht … schauen Sie darauf, dass Sie sich wohl fühlen.

Gelegentlich höre ich auch den Einwand, dass Unterrichtsräume zu klein sind, um TN aufstehen und einen neuen Arbeitspartner finden zu lassen. Ja, das habe ich oft erlebt, und hier gebe ich Ihnen Recht. Idealerweise sitzen meine TN in einem Stuhlkreis (Tische mit Unterlagen dahinter). Dieser Stuhlkreis bietet die Möglichkeit, ohne großen Zeitverlust aufzustehen, auf einen neuen Partner zuzugehen und ein fachliches Gespräch oder Austausch zu starten. Aber diese Sitzordnung lässt sich nicht immer herstellen. Hierzu ein paar Ideen, wie Sie ohne großen Aufwand dennoch eine neue Sitzordnung und somit neue Arbeitspartner erwirken können.

Die TN arbeiten paarweise an einem Thema im Stuhlkreis oder auch mit Tischen entsprechend im Hufeisen. Von links nach rechts sitzen die TN quasi AA, BB, CC, DD. Um neue Teams zu bilden, bitten Sie den TN ganz rechts (hier D) mit seinem Stuhl ganz nach links umzuziehen, quasi als Partner zu A. Wenn Sie nun von links beginnen, neue Paare zu bilden (DA, AB, BC, CD), musste lediglich ein TN den Platz wechseln. Die gesamte Gruppe hat sich ohne großen Aufwand neu sortiert und jeder TN einen neuen Lernpartner gefunden. In einem extensiven Kurs (15 Abende) habe ich einmal nur ein einziges Medium genutzt, um TN immer wieder neu zu gruppieren: Ein Skatblatt. Die 16 TN arbeiten jeweils an 4 Gruppentischen zu je 4 Personen. Mit der Gruppe wurde folgendes vereinbart: „Wenn Sie nächste Woche hier ankommen, wird an der Tür ein Stuhl mit Skatkarten stehen. Ziehen Sie bitte eine Karte und setzen sich dann an den Tisch, auf dem die Karte mit gleichem Symbol liegt!". Zum Hintergrund: Auf den Tischen lag jeweils eine Karte mit den Symbolen Kreuz, Herz, Schippe und Karo. Schon nach ein oder zwei Abenden war den TN völlig klar, wie sie vorzugehen hatten und ermahnten sich teils gegenseitig, wenn jemand einmal vergessen hatte, eine Karte zu ziehen. Lustigerweise ist es mir passiert, dass ich mein Skatblatt einmal zu Hause vergessen hatte. An der Tür stand somit kein Stuhl mit Karten ... meine TN blieben wie angewurzelt an der Tür stehen und fragten: „Aber wo sollen wir uns denn heute hinsetzen?!".

Oder schreiben Sie einfach an das Flipchart oder Whiteboard die Aufforderung: „Bitte suchen Sie sich heute einen neuen Platz!" (Ich habe mir hierfür einen Zettel ausgedruckt und laminiert, den ich auf meinen Stuhl stelle, bevor der erste TN den Raum betritt.)

Materialliste / Quellen

In alphabetischer Reihenfolge

- Neuland GmbH & Co KG, www.neuland.eu
- Pappnase, www.pappnase.de
- Schilling Verlag, www.schilling-verlag.de
- Trainertools, www.trainertools.shop.t-online.de
- Trainings-Ideen Simmerl, www-trainings-ideen.de
- Villa bossaNova, www.villa-bossa-nova.de
- Wehrfritz, www.wehrfritz.de

- Schreibwarenläden jeder Art
- Dekogeschäfte jeder Art
- Restpostenläden jeder Art
- Baumärkte

Gehen Sie also mit offenen Augen durch die Stadt, und es werden Ihnen jede Menge Materialien begegnen, die sich im Unterricht einsetzen lassen.

Bibliographie

- Beermann/Schubach, Spiele für Workshops und Seminare, Haufe 2008
- Best, A-Z of Educational Terms, Management Pocketbooks Ltd 2003
- Best, Accelerated Learning Pocketbook, Management Pocketbooks Ltd 2003
- Fleming, Virtual Teams Pocketbook, Management Pocketbooks Ltd 2003
- Forsyth, Meetings Pocketbook, Management Pocketbooks Ltd 2004
- Grötzebach, Trainieren mit Herz und Verstand, Gabal 2006
- Internet / Wikipedia
- Klein, Zauberwelt der Suggestopädie, managerSeminare 2010
- SKILL-Autorenteam, Seminare lebendig gestalten, Gabal 1995
- Smith, Assessment & Learning Pocketbook, Management Pocketbooks Ltd 2007
- Tizzard, Teambuilding Activities Pocketbook, Management Pocketbooks Ltd 2006
- Tizzard, Icebreakers Pocketbook, Management Pocketbooks Ltd 2003
- Townsend, Trainer's Pocketbook, Management Pocketbooks Ltd 2003
- Townsend, Facilitator's Pocketbook, Management Pocketbooks Ltd 1999
- Townsend, Presentations Pocketbook, Management Pocketbooks Ltd 2004
- Watson-Davis, Creative Teaching Pocketbook, Management Pocketbooks Ltd 2004

Bildnachweis
Marcus Koch, alle Zeichnungen
Angelika Wolpert, alle Fotos (außer Seite 46)
Olaf Merker, Foto Seite 46
Ursula Schitz, Foto Umschlag hinten

Danke

An dieser Stelle möchte ich ein herzliches DANKE all denen sagen, die mich in über 25 Jahren Trainertätigkeit begleitet und bereichert haben.

Manchmal gehen Übungen so sehr in das eigene Repertoire ein, werden weiterentwickelt und neu inszeniert, dass es nicht immer klar ist, wo denn der Ursprung der Übung lag. Ich weiß aber, dass ich mich auf vielen Kongressen, in unzähligen Seminaren und Fortbildungen, an denen ich selbst teilgenommen habe, stets habe inspirieren lassen ... ein DANKE somit an alle, die hier Teil dieses Prozesses waren.

Ganz besonders möchte ich mich bei Helga Pfetsch und Stephan Rude der SKILL GmbH (Bruchsal) – meinen Trainern in verschiedenen Ausbildungen – bedanken. Erst im Laufe der Jahre ist mir bewusst geworden, wie fundiert und praxisorientiert meine Ausbildungen bei SKILL waren und wie ich noch heute von den vielen Anregungen profitiere und an meine Teilnehmer weitergeben kann.

Ein DANKE auch an Sabine Bräuer-Vogel und Dr. Ursula v. Helldorff, die in akribischer Arbeit mein Skript Korrektur gelesen und mir viele nützliche Hinweise gegeben haben.

Last but not least: In 25 Jahren Trainertätigkeit habe ich etliche Hundert, vermutlich sogar Tausend Teilnehmer treffen und schulen dürfen. Sie alle haben mit Geduld und sogar Faszination meine Kreativität und Experimentierfreudigkeit erduldet und somit zur Entwicklung des vorliegenden Buches beigetragen. Danke hierfür.

Der Autor und Trainer

Marcus Koch (Jahrgang 1965) arbeitet seit 25 Jahren als Trainer in ganz Deutschland. Als zertifizierter Ausbildungstrainer für Ganzheitliches Lernen und Lehren sind ihm das Multisensorische Lernen (Lernen mit allen Sinnen), eine ausgewogene Rhythmisierung im Unterricht, die Bedeutung von Gruppenprozessen sowie lernfördernde suggestive Faktoren (Abbau von Lernbarrieren) ausgesprochen wichtig. Denn: Ist etwas „merkwürdig" inszeniert, ist es des „Merkens würdig".

Schwerpunkte:

- Ganzheitliche Sprachtrainings (General / Business English) mit sehr hohem Praxisbezug
- Kreative und erlebnisorientierte Kommunikationstrainings (Moderation, Präsentation, Interkulturelle Kompetenz, Teambuilding) in deutscher und/oder englischer Sprache
- Train-the-Trainer-Programme in Deutschland / Europa

Hintergrund:

- Studium Anglistik / Klass. Philologie an der Johann-Wolfgang-von-Goethe Universität, Frankfurt, für Lehramt an Gymnasien
- Auslandsaufenthalt in Groß-Britannien
- Trainerausbildung: Ganzheitliches Lernen und Lehren / Suggestopädie bei SKILL GmbH, Bammental
- Zertifikatskurs: Teaching International English for Business, London Metropolitan University (grade: with distinction / mit Auszeichnung)
- Zertifikat: Interkulturelle Kompetenz, professional im Rahmen der Xpert Culture Communication Skills (VHS)
- Ausbildung zum autorisierten Motivberater für die MotivStrukturAnalyse MSA® - Einsatz von Führung, Kommunikation und Motivation
- Trainerausbildung: Erfahrungsorientierte Lernmethoden (EOL) als systemische und lösungsorientierte Konzepte für Coaching, Persönlichkeits- und Teamentwicklung (METALOG)

Buchprojekte:

- Mitwirkung am Buchprojekt „Trainieren mit Herz und Hand" (Einführung in die suggestopädische Trainingspraxis) mit den Artikeln: „Kreativer Umgang mit Musik im Unterricht" und „Energizer / Energieaufbauaktivitäten" (GABAL 2005)
- Mitwirkung am Buchprojekt „Spiele für Workshops und Seminare" (Haufe Taschenguides 2006)